陶瓷产业集群与区域发展系列丛书　　左和平/ 主编

中国陶瓷产业生态化研究

STUDY ON CHINA'S CERAMIC INDUSTRY TO ACHIEVE ECOLOGICAL DEVELOPMENT

汪华林 ◎ 著

经济管理出版社
ECONOMY & MANAGEMENT PUBLISHING HOUSE

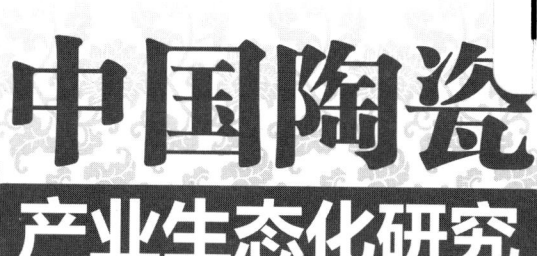

图书在版编目（CIP）数据

中国陶瓷产业生态化研究/汪华林著．—北京：经济管理出版社，2017.6
ISBN 978－7－5096－5167－4

Ⅰ．①中…　Ⅱ．①汪…　Ⅲ．①陶瓷工业—生态化—产业发展—研究—中国　Ⅳ．①F426.7

中国版本图书馆 CIP 数据核字（2017）第 134050 号

组稿编辑：杜　菲
责任编辑：杜　菲
责任印制：司东翔
责任校对：王淑卿

出版发行：经济管理出版社
（北京市海淀区北蜂窝 8 号中雅大厦 A 座 11 层　100038）
网　　址：www. E－mp. com. cn
电　　话：（010）51915602
印　　刷：北京玺诚印务有限公司
经　　销：新华书店
开　　本：720mm×1000mm/16
印　　张：10.75
字　　数：108 千字
版　　次：2019 年 1 月第 1 版　　2019 年 1 月第 1 次印刷
书　　号：ISBN 978－7－5096－5167－4
定　　价：68.00 元

前　言

众所周知，与西方发达国家相比，我国是一个资源相对贫瘠、能源相对匮乏的发展中国家，资源和能源的大量无节制消耗以及环境污染的加剧等问题会给我国的生态环境带来巨大的压力和负担，也会严重制约我国经济的快速增长。面对生态环境日益恶劣的情况，我国提出了走生态化发展的战略目标。历史悠久的传统陶瓷产业属于高能耗、高污染行业，在新时期面临转型的情况下，必须要找到一条有自己特色的生态化发展道路。研究陶瓷产业的生态化发展道路，建设陶瓷产业的生态化发展体系，无论是对陶瓷产业的健康持续发展，还是对我国社会经济的发展，都具有十分重要的意义。

本书以我国陶瓷产业的生态化为主要研究对象，以理论研究为基础、以实证研究为目的，运用定性分析与定量研究相结合的研究方法，对我国陶瓷产业的生态化发展问题进行了系统的研究。

首先提出了陶瓷产业生态化的定义，并对国内外相关理论与理论研究进行了梳理与回顾，对国内该领域相关的研究文献进行了综述；其次探讨了我国陶瓷产业现阶段的发展现状，指出了我国陶瓷产业存在的主要问题，提出陶瓷产业实行生态化发展的必要性；再次构建了陶瓷产业生态化定量指标评价体系，实证检验了我国陶瓷产业的污染程度与能源资源利用率问题，为我国陶瓷产业实现生态化发展的必要性提供了更直观的证据支持；又次对陶瓷产业实现生态化效益进行了实证分析；最后针对我国陶瓷产业的现状和问题，从微观层面和宏观层面分别提出了生态化发展的路径和对策。

我国陶瓷产业实现生态化发展，不仅有益于资源与能源的节约以及大幅度降低环境污染，还有利于我国陶瓷产业提高核心竞争力，以促进我国社会经济和谐、快速发展。

Abstract

As we all known, compared with the Western developed countries, China is a relatively poor resources and the relative lack of energy in developing countries, resources and energy, a large number of unrestrained consumption and environmental pollution intensified and other issues will give our country's ecological environment tremendous pressure and the burden, also will seriously restrict the rapid growth of China's economy. Faced with the increasingly harsh ecological environment, China put forward the ecological development of the strategic objectives. The long tradition of traditional ceramic industry belongs to a high energy consumption, high pollution industry, in the new era facing the transformation of the situation, we must find a ecological characteristics of their own development path. It is of great significance to study the ecological development of ceramic industry and to construct the ecological development system of ceramic industry, both for the healthy and sustainable development of ceramic industry and for the development of China's society and economy.

This paper focuses on the ecologicalization of China's ceramic industry as the main research object, the basis of the theory and the purpose of empirical research, and makes a systematic study on the ecological development of ceramic industry in China by using the combination of qualitative analysis and quantitative research.

First of all, this paper puts forward the definition of the ecologicalization of the ceramic industry, and reviews and reviews the relevant theories and theories at home and abroad, and summarizes the relevant research literatures in this field. Next, the present situation of the ceramic industry in China is discussed the paper points out the necessity of ecological development in ceramic industry, and then we construct the quantitative evaluation system of ceramic industry ecology, and test the pollution degree and energy resources of ceramic industry in China the paper analyzes the necessity of realizing the ecologicalization of the ceramic industry, and then analyzes the present situation and problems of the ceramic industry in China. Finally, according to the current situation and problems of the ceramic industry in China, Micro – level and macro – level, respectively, put forward the ecological development of the path and countermeasures.

China's ceramic industry to achieve ecological development,

not only beneficial to the conservation of resources and energy and significantly reduce environmental pollution, but also conducive to China's ceramic industry to improve core competitiveness and promote the harmonious and rapid development of China's socio-economic.

目　录

引　言

一、研究背景

18 世纪兴起的工业革命开启了全球化和工业化进程，自此人类从农业经济形态时期过渡到工业经济形态时期。毋庸置疑，工业经济创造的巨大生产力拉动了全球经济的迅速增长，但与此同时，这种建立在自然资源和环境免费使用基础上的传统增长模式也对我们赖以生存的地球产生越来越严重的消极影响，包括生态的退化和环境的污染等问题，如森林面积大量减少、水土流失现象、土地沙漠化、生物物种锐减、臭氧层破损、空气污染、水质污染，全球变暖等，尤其是近年来由于空气中 PM2.5 含量过高导致我国大部分城市长期被雾霾笼罩，严重影响了人类的身心健康。生态经济学的奠基人赫曼·达利曾经反复告诫人类：人类经济是基于并依赖地球上的生态体系而存在的。在人类发展的历史长河中，人类经济相对地球生态体系来说只不过是沧海一粟。因此，面对工业经济的发展和自然环境之间的固有矛盾给环境带来的破坏，如何实现经济与环境的协调、友好发展，实现人类的物质需求和生态环境的动态平衡，已经成为当代可持续发展的核心问题。

1992 年 6 月，联合国环境与发展大会提出并通过了全球的可持续发展战略——《21 世纪议程》，要求各国根据本国情况，制定各自的可持续发展战略、计划和对策。随后，可持续发展战略开始在全球范围内普及，1994 年 7 月 4 日，国务院批准了我国第一个国家级可持续发展战略——《中国 21 世纪人口、环境与发展白皮书》。随着可持续发展战略的普遍实施，产业生态化发展逐渐成为工业经济发展潮流，我国在党的十七大报告中指出："建设生态文明，基本形成节约能源和保护生态环境的产业结构、增长方式、消费模式。循环经济形成较大规模，可再生能源比重显著上升。主要污染物排放得到有效控制，生态文明观念在全社会牢固树立。"这一战略思想指出了对我国工业经济发展模式的要求，即产业要实现生态化发展。

从一般意义上讲，生态化是一种科学的发展观念，是指自然、经济、社会和人类之间平衡相依、协调发展的状态与过程，实现生态化发展，即是追求自然、经济、社会与人类实现有机统一的生存状态。

中国是名副其实的陶瓷生产大国，陶瓷产量长期居于世界领先地位，陶瓷工业的发展为中国带来了巨大的经济效益。但与此同时，由于我国陶瓷产业的生产技术相对落后，未能实现绿色生产，所以因为陶瓷产业工业化而引发的环境污染问题与生态退化问题也日益突出。我国陶瓷领域许多学者的研究结果也表明，我国陶瓷产业在生产方面确实存在严重的环境污染问题。温志达等（2006）发现，陶瓷生产过程中排放的氮化物和硫化物等排放物对位于我国珠江三角洲的植被生存造成了生态系统植被的退化，其中，窿缘桉马尾松冠层受害程度达到100%，泥竹的受害程度为85.1%，其他植被受伤害的程度均在50%左右。吴文勇、梁振国和李佩贤（2014）调查了佛山市陶瓷产业的100家企业，发现陶瓷产业在生产过程中会产生并排放大量的烟尘、粉尘、二氧化硫、氮氧化物以及重金属废气等污染物，对大气环境造成了严重的污染。唐志阳（2015）发现宜兴陶瓷产业在生产过程中产生大量的污染空气的排放物，并提出了陶瓷产业进行清洁生产的必要性。此外，相关统计数据显示，2015年，仅广东佛山陶瓷产业的总产值就达到了2500亿元，约占全市工业总产值的12.5%，[①] 但佛山市2015年的环境统计数据显示，佛山陶瓷产业在制造过程中，二氧化硫的排放量达到13824吨，约占全市二氧化硫总排放量的22.6%；氮氧化物的排放量为23255吨，约占全市总排放量的24.3%。[②] 由此

① 数据来源于http：//www.clii.com.cn/zhhylm/zhhylmHangYeZiXun/201702/t20170209_3903314.html。

② 数据来源于《佛山市2017年陶瓷行业大气污染深化整治方案》。

可见，陶瓷产业在拉动我国工业经济增长的同时，也给我国带来了严重的污染问题，所以，要发扬我国陶瓷产业的优势，实现陶瓷产业的健康、可持续发展已经成为我国政府不可忽视的关键问题。

综上所述，虽然我国已经开始重视陶瓷产业的污染问题，也相继出台了一些约束政策，但是这些措施并没有达到真正解决我国陶瓷产业的污染问题的目的，我国陶瓷产业的污染问题仍然大量存在。所以，在此背景下，本书从生态化视角出发，通过对我国陶瓷产业生产和污染现状的具体分析，对我国陶瓷产业的污染情况进行定量测算，发现陶瓷产业的污染产生环节所在，针对具体的污染问题提出生态化的改进意见，为我国陶瓷产业实现生态化发展提供可行性的政策建议。

二、研究意义

基于全球工业经济逐步走向生态化发展道路的趋势，以景德镇陶瓷产业为例，研究现阶段中国陶瓷产业存在的主要问题和对陶瓷生产过程对环境造成的污染进行测量是本书的主要研究内容。整体来讲，陶瓷产业生态化的研究具有两方面的意义：一方面，从研究的内容和过程来看，我们的研究将从陶瓷产业生态化进程入手，度量和评价中国陶瓷产业生态化现状，以及定量判断中国陶瓷产业的污染情况，并给出生态化的定量分析效果，这些定量的分析和判断是目前的成果所不具备的；另一方面，从现实角度来看，我们的研究将从生产过程的系统化角度提出生态化的路径和意义，并从设计、生产多个角度给出生态化和降低污染的定量结果和流程改造过程，为国家政府部门制定有关政策提供借鉴。具体来讲，陶瓷产业实现生态化具有如下方面的重要意义：

第一，陶瓷产业实现生态化发展是解决我国能源和资源高消耗情况的有效途径。陶瓷产业作为高消耗型产业，生产过程具有能源和资源的利用率较低的特征，从而导致陶瓷生产需消耗大量的能源成本和资源成本，两者总计约占陶瓷总成本的70%～80%；而陶瓷产业一旦实现生态化发展，可以大幅度提高资源和能源的利用率，从而降低资源和能源的消耗。

第二，陶瓷产业走生态化发展道路是解决我国陶瓷产业引发的环境污染问题的主要途径，有利于陶瓷产业经济实现可持续发展。陶瓷制品在生产过程中会产生大量的二氧化硫、氮氧化物、重金属废气等有害物质，这些污染物的大量排放，对我们生存的生态环境造成了直接污染，同时也对人类的健康造成了严重伤害，所以，实现陶瓷产业的生态化发展，从源头上降低甚至消灭污染，无论是对生态环境，还是人类的健康都具有重要的意义。

第三，陶瓷产业实现生态化有益于陶瓷企业健康持续发展，促使其努力提高自身技术水平，不断进行经验积累，从而促进陶瓷市场的健康、有序发展。

第四，陶瓷产业实现生态化发展有益于我国陶瓷出口贸易经济的发展。自陶瓷产业发展以来，我国陶瓷产量一直稳居世界前列，每年的陶瓷出口量也处于世界领先地位，陶瓷制品远销美国等海外国家。实现陶瓷产业的生态化发展，可以大幅度降低陶瓷产品的生产成本，从而拉动陶瓷出口经济的发展，为我国带来更多的经济效益。

三、研究方法

本书主要借助产业经济学、生态经济学、循环经济学、绿色经济学等多学科的理论基础，结合国内外产业生态化发展的最新理论，研究我国陶瓷产业生态化发展的思路和对策。

本书采用的研究方法主要有：

（一）定性与定量分析相结合的方法

应用定性分析方法，对我国陶瓷产业发展现状进行考察、综合、归纳、分析，提出陶瓷产业发展存在的主要问题；同时在理论定性基础上，以研究对象的内外部关系为切入点，寻找合适的“量”的分析，通过实施调查研究得到大量数据，运用模式对其进行定量分析，寻找有决策意义的结论。

（二）规范与实证研究相结合

规范研究是指自上而下的科学研究，通过资料检索、文献综述等方式，对与选题相关的内容进行综合分析，采用演绎的方法，建立规范，提出观点。实证研究方法包括测量陶瓷产业生态化的层次分析方法、度量陶瓷产业污染情况的 BP 神经网络分析法、灰色预测模型以及粉尘排放系数等方法。

（三）宏观、中观和微观分析相结合的方法

在研究我国陶瓷产业生态化的思路和对策时，要把陶瓷产业宏观外部环境、中观企业现状和微观产品生产三者结合起来加以综合分析。宏观环境是指产业发展的外部环境约束条件，如产业所在地区的政策；中观着重分析陶瓷企业的具体运作策略，如企业管理制度等；微观则主要指陶瓷产品的生产与营销等。把宏观、中观和微观结合起来，才能更好地为中国陶瓷产业生态化发展提供建设性的意见和参考。

（四）文献综述法

在本书的第一章，我们回顾了产业生态化的相关理论和文献，广泛收集前人的研究成果，并对相关的理论进行综述。

四、研究内容与框架

对产业生态化进行研究是以产业生态化相关理论为基础而进行的，所以我们首先梳理和回顾了产业相关理论、产业生态化相关理论和绿色经济相关理论，为后续的研究奠定理论基础；其次，对中国陶瓷产业发展的现状和存在的问题进行剖析，为研究打下了现实基础；再次，针对现阶段我国陶瓷产业中存在的环境污染问题，以江西景德镇陶瓷产业为例，对产生的污染进行了实证分析和检验；最后，针对中国陶瓷产业中的现存问题，分别从微观（陶瓷企业）和宏观（政府和陶瓷行业协会）两个层次提出了合理化的改进建议。

本书余下的内容主要由以下七个部分组成：

第一部分主要是产业生态化的相关理论和文献综述，对产业、产业生态化和绿色经济三个方面的理论进行了回顾和评述，为下文分析问题、理论假设和模型构造打下坚实的理论基础。

第二部分主要对陶瓷产业进行生态化发展的必要性进行了详细的分析，总结了我国陶瓷产业现阶段发展的特征以及陶瓷产业的发展与地方经济发展之间的相关性，旨在说明陶瓷产业在地方经济发展中的重要性，并以此对我国陶瓷产业的未来发展趋势给出具体分析。

第三部分从中国陶瓷产业布局、陶瓷产业生产技术与生产效率两个角度出发对我国陶瓷产业发展现状进行了分析，并在此基础上，指出我国陶瓷产业现阶段发展中存在的严重的污染问题以及其他主要问题，为下文定量测量我国陶瓷产业的污染程度奠定基础，同时为本书研究思路的构建起到了探索性的作用。

第四部分在前文的基础上，对中国陶瓷产业造成的污染程度进行了定量分析，旨在从陶瓷生产的各个环节入手，定量测量每个环节对外造成的污染程度大小，找出陶瓷生产过程中急需改进的环节，为陶瓷产业生态化发展提供有效建议奠定基础。

第五部分在第四部分陶瓷产业污染程度测量结果的基础上，针对陶瓷企业在陶瓷生产过程中产生污染的环节，从微观视角即企业角度指出了陶瓷产业实现生态化生产可以选择的路径。

第六部分从宏观经济角度给出了陶瓷产业生态化的政策和对策，其中包括政府行为和协会行为，并提出了产业生态化的评价指标体系。

第七部分是文章的结尾部分，总结全书，并对陶瓷产业未来的发展做出展望。

综上所述，本书的研究框架如图 0 – 1 所示。

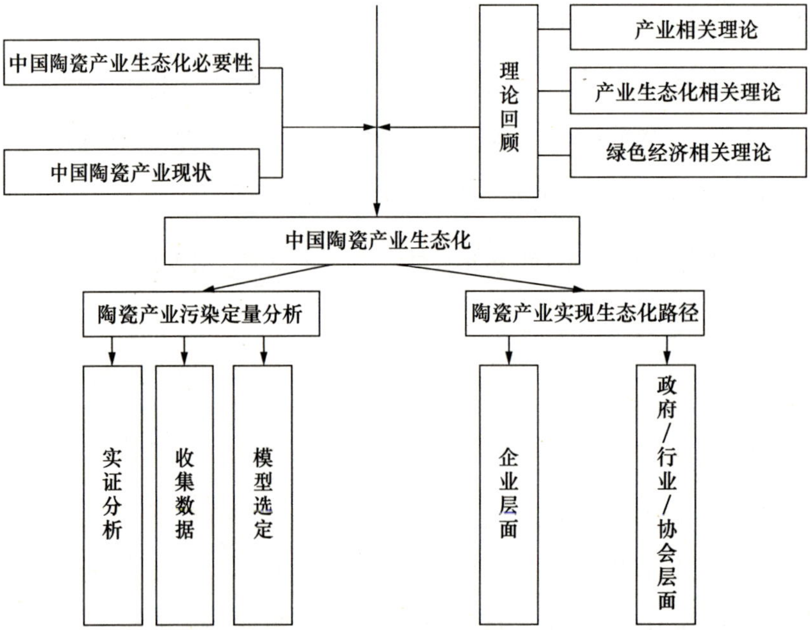
中国陶瓷产业生态化必要性
中国陶瓷产业现状
理论回顾
产业相关理论
产业生态化相关理论
绿色经济相关理论
中国陶瓷产业生态化
陶瓷产业污染定量分析
陶瓷产业实现生态化路径
实证分析
收集数据
模型选定
企业层面
政府/行业/协会层面

图0－1　本书的研究框架

第一章 产业生态化的相关理论和文献综述

陶瓷产业作为制造业中投入产出比相对稳定的产业之一，其产业发展不但体现了制造业的发展和生产效率，也体现了中国文化的传承和历史的变革。作为中国文化制造的一个典型代表，其产业自身引发的污染和产业效率之间的关系是十分重要的。从文化传承的角度来看，陶瓷产业的发展必然需要持续性；从生态环境的角度来看，陶瓷产业的技术和现状必须加以革新。因此，从产业角度解析陶瓷产业的现状是有必要的。

本章从产业生态化的角度，对陶瓷产业的生态化过程和产业发展进行理论梳理，为陶瓷产业的发展提供理论借鉴，由于当前的产业相关研究缺少陶瓷产业的针对性研究，然而陶瓷产业的相关理论和普遍意义的产业理论是密切相关的，因此，本章借鉴了普遍意义的产业相关理论进行分析和总结。

一、产业相关理论

产业是社会生产力发展的结果，是社会分工的产物，并随着社会生产力水平和分工专业化程度的提高不断变化和发展。本书中我们所研究的产业，是指国民经济中以社会分工为基础，在产品和劳务的生产和经营上具有某些相同特征的企业或单位及其活动的集合，从这个意义上来讲，产业所代表的是具有某类共同特性的企业的集合。我国对于产业类别的划分一般采用通用的三次产业分类方法，具体分类内容如表1－1所示。

表1－1　三次产业分类方法下的我国产业类别

产业类别	产业名称	内　容
第一产业	农　业	种植业、畜牧业、渔业、林业等
第二产业	工　业	制造业、建筑业、电力、煤炭等
第三产业	服务业	金融业、房地产业、通信、饮食、文化等

从三次分类方法对行业进行划分的视角而言，农业、工业与服务业这三大产业中与资源和生态环境之间具有密切联系的是工业产业。我国的陶瓷产业以陶瓷产品的生产制造为主，需要投入和消耗大量的高岭土等资源，并且其生产过程

中要排放大量的废弃物，所以，从这一角度来讲，我国的陶瓷行业属于工业产业中的一种。

（一）产业结构理论

产业结构是指在社会再生产过程中，一个国家或地区的产业组成（即资源在产业之间的配置状态）、产业发展水平（即各产业所占比重）以及产业间的技术经济联系（即产业间相互依存相互作用的方式）。随着对产业结构的分析和产业结构政策的实践而逐步形成的产业结构理论，是指以产业之间的技术经济联系和联系方式为主要研究对象，研究在经济发展过程中产业结构的变化规律以及变化原因，是产业经济学的重要研究内容之一。

产业结构理论的思想起源最早可以追溯到17世纪英国古典政治经济学家威廉·配第于1672年出版的《政治算术》一书。威廉·配第认为，工业比农业的收入多，商业比工业的收入多，这一观点被称为“配第定论”，揭示了结构演变和经济发展的基本方向。在威廉·配第之后，魁奈、亚当·斯密、大卫·李嘉图等的理论也对产业结构的研究产生了深远的影响。重农学派创始人魁奈分别于1758年和1766年发表了《经济表》和《经济分析表》，提出了关于社会阶级结构的划分，将社会阶级结构划分为生产阶级和土地所有者阶级，并对社会资本再生产和流通条件进行了分析。1776年，亚当·斯密在《国富论》一书中写道：各国按照绝对成本的高低进行国际分工，就会使生产要素从低效率产业流入高效率产业，使资源合理配置，优化产业结构。1918 年，大卫·李嘉图在《政治经济学及赋税原理》一书中对亚当·斯密的绝对成本做出了进一步的解释，提出比较成本概念，他认为各国应按比较成本进行国际分工，获得比较优势和资源的优化配置。威廉·配第、魁奈以及亚当·斯密的发现和研究是产业结构理论的重要思想来源。产业结构理论在发展过程中衍生出许多相关理论，现将重要的理论表述如下：

1. 配第—克拉克定理

配第定理认为：比起农业，工业的收入水平比较高，但是比起工业，商业的收入水平又比较高，这揭示了产业结构演变的基本方向。随后，1940 年，科林·克拉克出版书籍《经济进步的条件》，在配第理论的基础上，通过系统的分析和深入研究，揭示了中国社会人口就业分布和人均收入的结构性变动的内在规律。由于科林·克拉克的研究印证了 1961 年配第提出的理论，因此后人将此观点定为配第—克拉克定理。

克拉克认为，劳动力在产业之间的分布结构发生改变的直接原因在于：随着经济的发展和进步，各个产业之间的人均收入水平发生相对变化，即劳动力资源在自由竞争的环境中必然由人均收入比较低的产业向人均收入比较高的产业不断流动，所以，配第—克拉克定理可以描述为：随着经济的发展和进步，人均国民收入水平不断提高，劳动力资源首先由第一产业向第二产业流动；当人均国民收入水平进一步提高时，劳动力便开始向第三产业流动。由此我们可以得出以下结论，即人均国民收入水平越高的国家，农业劳动力占全部劳动力的比例相对较低，而工业和服务业中劳动力在全部劳动力中所占的比例相对较高；反之，人均国民收入水平越低的国家，农业劳动力占全部劳动力的比例相对较高，而工业和服务业中劳动力在全部劳动力中所占的比例相对较低。

在运用配第—克拉克定理解释问题时，通常要注意以下四个基本前提：

（1）克拉克是通过对在时间序列情况下国家基本情况的比较而不是对产业结构演变规律进行探讨和分析的，同时，克拉克选择“与时间序列相对应的人均国民收入水平的提高”来描述某国的国民经济状况。

（2）该定理使用劳动力的分布情况作为分析产业结构演变的具体指标，详细考察了经济发展过程中，劳动力在各产业中的分布状况所发生的变化。

（3）克拉克的产业结构演进分析是以产业的三次分类法为基础的，并以此作为该定理的基本研究框架。

（4）克拉克在理论分析过程中，引入了与最终需求分析相对应的收入弹性、价格弹性以及劳动生产效率三个参数，并借助对它们变动的分析来规范经济事实。

2. 库兹涅茨法则

库兹涅茨是美国著名的经济学家，库兹涅茨法则是对配第—克拉克定理的进一步验证。在库兹涅茨研究过程中，基本沿用了已使用的三次产业分类方法，将产业分类如下：A部门（即农业部门）——农业、林业、渔业、狩猎业等；

I 部门（即工业部门）——采矿业、制造业、建筑业、水利电力、运输和通信；S 部门（即服务业部门）——贸易、金融、不动产、动产、商业、仆佣、专业人员和政府。

库兹涅茨法则可以概述为以下三点：

（1）农业部门所创造的国民收入在全部国民收入总量中所占比例与农业部门劳动力占全部劳动力的比例相似，两者都会随着经济的发展而不断下降。

（2）工业部门在国民生产总值中的贡献比例呈不断上升的趋势，但工业部门的劳动力数量并不会有相同幅度的变化，它的总体趋势是大体不变或略有上升的。

（3）服务业部门的国民收入相对比重的发展趋势是大体不变或略有上升的，但是相比之下，服务业部门吸收劳动力的能力很强，它所占的劳动力比重呈显著的上升趋势，即服务业部门的生产效率不高。

3. 霍夫曼定理

1931 年，经济学家霍夫曼在其《工业化的阶段和类型》一书中对各国工业化进程中工业结构的变化趋势问题进行了深入的分析和研究。书中，霍夫曼通过对 20 余个国家时间序列数据的整理分析，计算并比较了不同国家消费资料工业的净产值和资本资料工业的净产值之间的比值，得到了关于重化工业化过程的规律性结论。即随着工业化进程的不断推进，一国的消费资料工业净产值和资本资料工业净产值之间的比值将呈不断下降趋势。这就是霍夫曼定理，又可称为霍夫曼工业化经验法则，后人将消费资料工业净产值与资本资

料工业净产值之间的比例称为霍夫曼比例（在实际应用中，霍夫曼比例经常用轻工业品净产值和重工业品净产值的比例来表示），即

霍夫曼比例 = 消费资料工业净产值/资本资料工业净产值

根据霍夫曼比例，霍夫曼把一个完整的工业化进程分为如表1－2所示的四个阶段。

表1－2　霍夫曼工业化进程四阶段

阶段	霍夫曼系数范围	特征
第一阶段	5.0±1.0	消费资料工业占据工业部门的主导地位
第二阶段	2.5±1.0	资本资料工业开始获得比较快的发展
第三阶段	1.0±0.5	资本资料工业和消费资料工业相对平衡
第四阶段	<1.0	资本资料工业占据工业部门的主导地位

霍夫曼的工业阶段理论阐述了工业生产过程中重化工业阶段的演变规律，对促进西方经济学界对工业化进程的研究具有开创性意义。从这一角度来看，我们可以通过计算我国陶瓷产业相关的霍夫曼系数，了解我国陶瓷产业的工业化进程中所处的阶段。

4. 马克思工业化理论

马克思在其与产业相关的理论论述中，曾对工业化进程的规律性研究做出过经典性论述。在其关于社会再生产的描述中，对社会生产活动进行了重新划分，即他将社会总产品

和社会总生产分为如下两个部分：

Ⅰ. 生产资料：必须进入或至少能够进入生产消费形式的产品，对应部门为生产资料生产部门。

Ⅱ. 消费资料：进入资本家阶级和工人阶级的个人消费形式的商品，对应部门为消费资料生产部门。

对于陶瓷产业而言，陶瓷企业生产陶瓷产品所需要的生产资料主要为高岭土、煤气、天然气等，这些生产资料由相应的资源开采部门或者燃气生产部门所提供，而陶瓷产业的消费资料是指陶瓷产业的生产部门，这些部门通过消耗生产资料来制造、加工陶瓷产品，再将陶瓷产品进行包装后销往各地。

通过对社会生产部门进行部门分类，马克思提出了社会再生产过程中的结构均衡理论和生产资料生产优先增长理论。

（1）结构均衡理论。指在社会再生产过程中，不同部门的生产应该相互协调、均衡发展，具体来讲就是：第一，在简单再生产条件下，第Ⅰ类生产部门（即生产资料生产部门）的可变资本与剩余价值之和必须与第Ⅱ类生产部门（即消费资料生产部门）的不变资本相等；第二，在扩大再生产条件下，社会两大部门的生产活动之间仍要保持平衡关系。

（2）生产资料生产优先增长理论。马克思在对工业化过程中不同部门发展次序的研究中指出：随着资本主义生产的发展，投资在机器和原料上的资本部分在增加，花在工资上的资本部分在减少。在此之后，列宁在马克思的观点上，将马克思的思想与资本主义社会化过程中资本有机构成不断提高的理论相结合，提出了生产资料生产优先增长理论，列宁认为，增长最快的是制造生产资料的生产，其次是制造消费资料的生产，最慢的是消费资料的生产。因为生产生产资料的部门通常都是重工业部门，所以列宁提出的生产资料生产有限增长理论是对马克思主义关于工业化重化工业化规律的描述。

5. 赫希曼的不平衡增长理论

赫希曼认为，发展中国家具有资源稀缺性的特点，想要对所有部分进行全面投资和均衡发展几乎是不可能的，所以只能够选择将其有限的资源选择性地投入到某些有益的行业中，在有限的资源约束下达到最大限度地促进经济增长的目的，即实现不平衡的增长。赫希曼还指出，在发展中国家，有限的资本在社会资本和直接生产之间的分配具有替代性，并在此基础上，给出了两种不平衡发展的途径，即：

（1）短缺的发展：先对直接生产资本投资，引起社会资本短缺，而社会资本短缺引起的直接生产成本的提高，就迫使投资向社会资本转移以取得二者的平衡。然后再通过对直接生产成本的投资引发新一轮不平衡增长过程。

（2）过剩的发展：对社会资本投资，使二者达到平衡后再重复的过程。

不平衡增长理论基本上符合我国的实际情况，因为我国这么多年来的经济发展走的就是一条不平衡增长之路。至于应该选择哪一条不平衡增长途径来发展我国经济，则应视经济发展的瓶颈制约而定。

对于我国陶瓷产业而言，赫希曼的不平衡增长理论同样适用。我国属于资源稀缺型国家，而恰好我国的陶瓷产业属于高能耗、高污染型产业，陶瓷产品的制造过程需要投入和消耗大量的资源和能源，但是这些资源和能源的利用率水平又较低，所以，在这种困难的情境下，我国需要考虑通过何种途径才能够解决在有限资源的约束与限制下实现陶瓷产业经济最大限度的增长问题。

（二）产业结构理论

产业关联是指产业之间以各种投入要素和产出品为连接纽带的技术经济联系。产业关联理论是指从产业内部关联角度出发，考察国民经济各产业部门技术经济联系与联系方式，即研究产业之间的中间投入和中间产出的量化比例关系，并讨论此关系对产业结构甚至产业发展升级的影响，因此又可称为投入产出理论。

美国经济学家列昂惕夫于 1941 年出版了《1919～1929 年的美国经济结构》一书，他在书中详细阐述了投入产出分析的基本原理及其发展，有效地揭示了产业间技术经济联系的量化比例关系，为研究某国在一定时期内的社会再生产过程和产业之间的联系提供了定量化分析工具。从 20 世纪 50 年代开始，列昂惕夫所创立的投入产出方法在世界范围内得到广泛应用，作为研究国民经济体系中或区域经济体中各个产业部门间投入与产出相互依存关系的数量分析方法，不仅可以用来分析产业之间的联系，还可以利用产业之间投入与产出的有关数量比例去研究国民经济中其他方面的问题。在利用投入产出分析方法进行研究时，投入是指产品生产所消耗的原材料、燃料动力、固定资产和劳动力等因素；产出是指产品生产出来后的去向、流向，即使用方向和数量，又叫流量，如生产出来的产品可以用于生产消费、生活消费和积累等。

运用投入产出方法进行分析时，可以通过投入产出表和投入产出模型两种方式来对产业之间投入和产出的数量比例关系进行研究。

1. 投入产出表

投入产出表是指以矩阵的形式，记录和反映一个经济系统在一定时期内各部门之间发生的产品及服务质量和交换关系的一种工具，分为实物型投入产出表和价值型投入产出表两种类型。实物型投入产出表是以产品的标准单位或自然单位计量的，用于显示国民经济各部门主要产品的投入与产出关系，即这些主要产品的生产、使用情况以及它们之间在生产消耗上的相互联系和比例关系；价值型投入产出表是以产品的货币单位计量的表现产品价值的矩阵。

2. 投入产出模型

第一步：系数确定。

（1）直接消耗系数：生产单位 j 产品所直接消耗的 I 产品的数量。

其计算公式如下：

$a_{ij}=\dfrac{X_{ij}}{X_j}$（$I$，$j=1$，2，…，$n$），式中，$X_{ij}$为各种投入要素分量；$X_j$为各产业部门总产品。

矩阵表示形式如下：

$A=Q\tilde{X}^{-1}$

式中，$A=\begin{bmatrix} a_{11} & \cdots & a_{1n} \\ \vdots & \ddots & \vdots \\ a_{n1} & \cdots & a_{nn} \end{bmatrix}$ $Q=\begin{bmatrix} a_{11} & \cdots & a_{1n} \\ \vdots & \ddots & \vdots \\ a_{n1} & \cdots & a_{nn} \end{bmatrix}$ $\tilde{X}^{-1}=\begin{bmatrix} \dfrac{1}{X_1} & \cdots & 0 \\ \vdots & \ddots & \vdots \\ a_{n1} & \cdots & \dfrac{1}{X_n} \end{bmatrix}$矩阵 A 就是直接系数矩阵，反映了投入产出表中各产业部门之间技术经济联系和产品之间的技术联系。

（2）直接折旧系数：某产业部门生产单位产品所提取的直接折旧费用的数额。其计算公式如下：

$$a_{Dj}=\frac{D_j}{X_j}\ (j=1,\ 2,\ \cdots,\ n)$$

式中：a_{Dj}为第 j 产业部门单位产品所提取的折旧费。

（3）国民收入系数：某产业部门生产单位产品所创造的国民收入或净产值数额。其计算公式如下：

$$a_{Nj}=\frac{N_j}{X_j}\ (j=1,\ 2,\ \cdots,\ n)$$

式中，a_{Nj}表示第 j 部门生产单位产品所创造的国民收入数量。

（4）完全消耗系数：某产业部门单位产品的生产对各产业部门产品的直接消耗量和间接消耗量的总和。其计算公式如下：

$$b_{ij} = a_{ij} + \sum_{k=1}^{n} b_{ik}a_{ki}(I,\ j=1,\ 2,\ \cdots,\ n)$$

式中，b_{ij}表示完全消耗系数，是生产单位 j 产品所直接和间接消耗 i 产品之和；a_{ij}表示直接消耗系数；$\sum_{k=1}^{n} b_{ik}a_{ki}$表示间接消耗系数，$k$ 为中间生产部门。

矩阵表示形式如下：$B=(I-A)^{-1}-I$，其中，

$$B=\begin{bmatrix} b_{11} & \cdots & b_{1n} \\ \vdots & \ddots & \vdots \\ b_{n1} & \cdots & b_{nn} \end{bmatrix}$$

第二步：构建模型。

（1）按投入产出表中列平衡关系建立的投入产出模型：揭示了总产品和最终产品之间的相互关系：

$(I-A)\ X=Y$

（2）按投入产出表中列平衡关系建立的投入产出模型：揭示了总产值与国民收入之间的函数关系：

$(I-\hat{C})\ X=N$

式中，$\hat{C}=\begin{bmatrix} \sum_{1}^{n} a_{i1}+a_{D1} & \cdots & 0 \\ \vdots & \vdots & \vdots \\ 0 & \cdots & \sum_{1}^{n} a_{in}+a_{Dn} \end{bmatrix}$

（三）产业组织理论

产业组织理论是应用经济学理论的一个重要分支，主要是以产业组织为对象来研究市场在不完全竞争条件下的企业行为和市场构造。产业组织理论是在经济问题分析中不断发展起来的，其发展和各国的经济发展密切相关，并且其发展方向是随着时代的发展而变化的。

产业组织理论的思想渊源，最早可以在英国古典经济学家亚当·斯密于1776年出版的《国富论》中得到体现，书中亚当·斯密最早提出了产业组织理论，并给出“合理的生产组织能带来社会资源的节约”的观点。19世纪60年代，马歇尔在其著作《产业经济学》中第一次将产业内部结构定义为产业组织，随后，在1890年，马歇尔又在其另一著作《经济学原理》一书中引入第四生产要素——组织（其他生产要素分别为劳动、资本和土地），并提出了规模经济效应的观点，即马歇尔指出：大规模生产能为企业带来规模经济性，同时导致市场结构中的垄断因素不断增强，垄断又会阻碍竞争机制在合理配置资源中发挥作用，因为马歇尔的规模经济效应与竞争机制相互矛盾，所以这个问题被后人称为马歇尔冲突，马歇尔冲突至今仍是产业组织理论探讨的核心问题，而产业组织理论的正式形成是以1959年梅森的弟子贝恩出版的《产业组织》一书为标志的，这本书第一次对产业组织理论体系做出了完整系统的阐述，确定了产业组织的研究目的和研究方向，指出了产业组织的研究范畴，即产业结构、产业行为和产业绩效。

现代产业组织理论的主体框架以贝恩的研究为基础，是指市场结构—市场行为—市场绩效及其相互作用之间的关系，简称结构—行为—绩效框架或SCP框架。现代产业组织理论框架中包含三个基本元素，即市场结构、市场行为和市场绩效，对这三个元素解释如下：

1. 市场结构

产业组织理论中的市场结构是指某一特定产业中经营的厂商所面临的环境，是决定产业组织竞争性质的基本因素，可以通过市场集中度指标、产品差异化程度、厂商进入或退出壁垒、经营多样化或一体化程度等指标来描述。其中，市场集中度是指某一市场上买方和卖方各自的数目及其在市场上所占的份额，是确定买卖双方竞争程度的一个概念，产业组织理论主要研究卖方集中度，可以通过市场占有率（绝对指标）和洛伦兹曲线、基尼系数（相对指标）来描述；产品差别化程度是指按照某些消费者的特别偏好生产的、与其他企业产品具有不完全替代关系产品的程度，因为消费者对差别化的产品有强烈的购买欲望，所以其需求弹性较小；厂商进入壁垒是指产业内现有企业对于潜在进入和新进入该产业的企业相比具有某些优势，这些优势可能会使潜在进入或新进入企业面临种种不利因素。

2. 市场行为

市场行为是指企业为了在市场竞争中获得更高的利润率和市场占有率而采取的战略性行动，但产业组织理论所研究的市场行为主要是寡头垄断、有限企业竞争情况下的企业采取的策略，包括价格制定策略、产品策略、销售策略、投资策略、研究与开发策略、压制竞争对手策略（通过提高进入壁垒或组织其进入等方式实现）等。

3. 市场绩效

市场绩效是指在一定的市场结构下，通过一定的市场行为使某一产业在价格、产量、费用、利润、产品的质量和品种以及技术进步等方面所达到的现实状态。可以通过资源配置效率、利润率水平和生产相对效率三个指标来衡量。

产业组织理论三要素（市场结构、市场行为和市场绩效）相互作用，市场结构决定企业的市场行为，企业的市场行为决定市场的绩效，而市场结构则取决于特定情况下供给需求基本环境，构成了现在产业组织理论的基本体系。

（四）产业发展理论

产业发展，是指产业的产生、成长和进化的整个过程，产业在发展的各个阶段会呈现出不同的发展规律，产业发展理论就是通过研究产业的发展规律，达到促进产业的发展，增强产业发展的竞争能力的目标。

（五）产业布局理论

产业布局是指一个国家或地区产业各部门、各要素、各环节在地域的空间分布和组合的经济现象，是国民经济各部门发展运动规律的具体体现。从静态角度分析，是指形成产业的各部门、各要素、各环节在空间上的分布态势和地域组合；从动态角度看，则是各种资源、各生产要素甚至各企业为选择最佳区位而形成的在空间地域上的流动、转移或重新组合的配置与再配置过程。

产业布局应该遵循以下基本原则：①经济效益优先原则；②全局性原则；③分工协作原则；④集中与分散相结合原则；⑤发挥地区比较优势原则；⑥坚持可持续发展原则；⑦平衡先进地区与落后地区关系原则。

随着人类社会的不断进步和生存空间的不断扩展，产业布局理论也在逐步深入，其主要理论整理如表 1 – 3 所示。

纵观中国产业布局的历史轨迹，主要表现为均衡发展—非均衡发展的演变过程，具有明显的阶段性特征：如 1949 ~ 1978 年，我国实行均衡布局政策，致力于实现生产力均衡配置，尽快消灭区域差距，然而这种配置并未拉动我国经济的发展，也未能使我国摆脱贫穷的境况；又如 1978 年之后，即我国实行改革开放政策后，我国发展了非均衡产业布局政策，实行区域经济的倾斜发展，把建设的重点转向东部沿海地区，非均衡产业布局政策的实施改善了我国的经济落后状况。

表1-3　产业布局理论概述

产业布局理论			
	发展阶段	具体理论	描述及意义
区域分工协作理论	古典经济学派分工与贸易理论	亚当·斯密绝对成本理论	生产的区域分工可以获得绝对利益
		大卫·李嘉图比较成本理论	各国可利用各自的相对优势进行互利发展
	现代经济学派区域分工与贸易理论	赫克歇尔—俄林资源禀赋理论	生产要素禀赋的相对差异是使区域分工与贸易、国际分工与贸易产生的决定性因素
		技术差距理论	用科学发明、技术创新的推广过程中创新国家和模仿国家之间的技术发展不平衡来解释国际贸易的产生和发展
		产品生命周期理论	将产品发展过程分为开创期、发展期、成熟期和衰退期，主要研究各种生产要素在不同周期下发挥的作用，分析经济国际化条件下区域分工协作和产业布局情况
		中心—外围理论	不发达国家组成的外围地带始终围绕着发达国家构成的中心地带而发展，形成了中心—外围结构
		协议性区域分工理论	在比较优势消失情况下，区域分工仍然存在，但是以贸易当事国的某种协议来加以实现，而不能通过市场机制自动实现

续表

	发展阶段	具体理论	描述及意义
产业布局的区位理论	形成时期	龙哈德成本区位论	最大限度地降低运费，将运费高低作为衡量企业布局是否合理的标志；建立最小费用模式，利用“重量三角形”求出最优区位
		杜能农业区位论	研究土地利用所能达到的最大纯利益，即探讨在距离市场远近不同的土地上，由于不同的农业分布与经营能获得的级差地租数量
		韦伯工业区位论	区位因素如何合理组合，才能使企业成本和运费达到最低
	发展时期	中心地理论	中心地是指向区域内各点的居民和单位提供具有中心功能的商品和服务的中心城市（城镇）聚落
		市场区位学派理论	强调工业区位必须充分考虑市场因素，即考虑产品销售问题，力求把产业布局在取得最大化利润的地点上
	多样化发展时期	成本—市场学派理论	产业区位的确定应该以利润最大化为目标，以自然环境、运输成本、工资、地区居民购买力、工业品销售范围和渠道等因素为条件，综合生产、价格和贸易理论，对区位进行多种成本因素分析，形成竞争配置模型
		行为学派理论	随着现代企业管理的发展和交通工具的现代化，人们的地位和作用越来越成为区位分析的重要因素，而运输成本将成为次要因素

续表

	发展阶段	具体理论	描述及意义
产业布局的区位理论	多样化发展时期	社会学派理论	在当代复杂的社会经济环境中，研究产业布局时，应该充分考虑政府干预、国防安全、居民购买能力、人口迁徙等因素以及这些因素之间相互作用关系
		发展极与增长极理论	经济发展不是均衡地发生在地理空间，而是以不同强度呈现点状分布，按不同效应影响整个区域的发展
		点轴理论	根据区域经济由点及轴发展的空间运行规律，合理选择增长极和各种交通轴线，使产业有效地向增长极及轴线两侧集中分布
		系统理论	经济增长是区位决策的主要目标，技术创新是经济增长的推动力
产业集群理论	发展阶段	马歇尔外部经济理论	外部经济规模促使企业集中在一起，形成产业族群
		韦伯集聚经济理论	各个企业通过相互联系的组织集聚，形成地方工业化
		迈克尔·波特新竞争优势理论	产业族群是集中在特定区域内的、在业务上相互联系的一群企业和相关机构

（六）产业政策理论

产业政策是指政府为了实现一定的经济和社会目标对产业活动进行干预而制定的各种政策的总和，其实质是针对产业活动中出现的资源配置市场失灵的情况而实行的政策性干预。产业政策理论则是为制定产业政策的一种经济理论，即以产业资源的分配政策为研究对象，以产业结构政策理论为研究核心，通过对产业政策的研究，为国家或政府制定产业政策提供建设性的意见。

产业政策涉及产业活动的方方面面，要制定成功的产业政策，还要以以下理论为依据：

1. 市场失灵理论

市场机制并不是万能的，也会存在缺陷，收入分配不公平和经济波动是市场缺陷的典型形式，所以产业政策的制定应该是政府为了弥补市场失灵而采取的一种补救措施。

2. 比较优势理论

比较优势理论有两个理论来源：一是李斯特的动态比较成本理论；二是弗农的产品循环理论。从静态角度看，李嘉图当时提出的国际分工理论是可行的，但是，按照李嘉图的国际分工理论，先进国家生产高附加值产品，后进国家生产低附加值产品，后进国家永远处于不利的国际分工地位，这是不合理的，所以该理论受到了后人的挑战。德国经济学家李斯特对李嘉图的观点进行了改进，他认为，比较成本优势不是绝对的，是可以变化的，如果后进国家对尚处于成本劣势的幼稚产业进行保护、扶持，成本劣势可以转化为成本优势，从而跻身于高附加值产品的生产行列，改变自己不利的国际分工地位。因为李斯特从动态的观点看待比较成本，所以，他的学说被称为动态比较成本理论。美国经济学家弗农在考察美国进出口产品时发现原先美国出口产品后来改变为进口产品，产品经历了产业开发—产品出口—技术出口—产品进口—新产品开发的循环过程，这一过程称为产品循环理论。

3. 结构转化理论

结构转化是指理论的核心思想体现在一个国家的产业结构必须不断实行从低级向高级的适时转换，才能真正实现赶超和保持领先地位。英国的克拉克、德国的霍夫曼和美国的库兹涅茨等都曾对经济增长与收入提高过程中的产业结构变化规律进行过深入探讨和研究，并提出了著名的配第—克拉克定理、霍夫曼比率和库兹涅茨增长理论等。更为重要的是，结构转换是一个重要的利益再分配过程，需要有政府的产业政策干预，才能适时和顺利地完成，结构转换亦是一个主动的结果，需要在产业政策的指导下实施。

4. 规模经济理论

规模经济是指随着产业内企业生产规模的扩大，产生的成本随之降低的经济模式，其要求政府应该实施组织合理化政策，采取相应的措施，促进企业合并、联合，迅速达到最佳规模，提高竞争能力，发展新兴产业。

5. 主导产业选择理论

一个国家或地区在不同的发展阶段上往往存在一个或几个主导产业或主导部门，这些主导产业或主导部门对其他产业的发展具有较强的带动作用，因而在很大程度上决定着这一时期产业结构特征及其发展演变的趋势。所以，政府在制定当前阶段的产业政策时要注意这些主导产业或主导部门的影响。

6. 产业生命周期理论

产业的发展过程可以分为开创期、发展期、成熟期和衰退期四个阶段，在每个发展阶段，产业会呈现出不同的特征，开创期属于技术密集型产业，成熟期会出现扩展效应，而在衰退期处于劳动密集型产业阶段。所以，政府制定的产业政策要以产业处于的发展阶段特征为依据，制定相应的产业政策，支持产业的发展。

7. 技术开发理论

技术开发理论的基本内容是：技术是一种难以按一般市场原则进行交易的知识财富，具有三种特征：①公共物品；②技术开发伴随着技术与市场的双重风险；③技术的开发与应用具有学习过程和规模经济。因此，技术开发过程或开发结果经常存在着社会收益率大于企业收益率的可能性，而这种可能性会削弱企业技术投资的积极性。所以，在技术开发过程中，政府的产业政策干预是保证技术不断进步的必要条件。

产业政策是由多种与产业相关的产业政策构成的体系，

包括产业结构政策、产业组织政策和产业发展政策，具体描述如表 1－4 所示：

表 1－4 产业政策体系

产业政策体系		
产业政策	类型	描述
产业结构政策	弱小产业扶持政策	政府支持和帮助那些幼小而有发展前途、短缺而又重要的产业发展壮大
	衰退产业调整政策	政府制定的收缩、转移、改造、淘汰衰退产业的政策
产业组织政策	反垄断政策	禁止个人垄断和卡特尔协议；禁止市场过度集中；禁止滥用市场势力
	微观规制政策	政府和社会公共机构用法律权限通过许可和认可的手段，对企业的进入和退出、价格、服务数量和质量等行为加以规范制约
	贸易政策	在不完全竞争和规模经济条件下，政府可以凭借生产、补贴和保护国内市场等手段对其特定产业或企业进行保护和扶植，帮助本国企业在国际上提高竞争力并获得超额利润
	中小企业政策	政府根据中小企业实际情况和本国相关产业发展特征，对中小企业采取的一系列扶持措施

续表

产业政策	类型	描述
产业发展政策	产业技术政策	政府对产业的技术进步、技术结构选择和技术开发进行的预测、决策、规划、协调、推动、监督和服务等方面的综合体现
	产业布局政策	实现产业空间分布和组合合理化

二、产业生态化相关理论

（一）产业生态化的定义

理论界对于产业生态化研究还处于初步阶段，因此对产业生态化还没有一个普遍接受的定义。由于研究偏好和角度不同，不同的学者针对产业生态化给出了不同的概念，主要可以概括为以下几种：

1. 根据实现产业生态化目的的角度来定义产业生态化

厉无畏和王慧敏（2002）认为，产业生态化是指产业依据自然生态的有机循环原理建立发展模式，将不同的工业企业、不同类别的产业之间形成类似自然生态链的关系，从而达到充分利用资源，减少废物产生，物质循环利用，消除环境破坏，提高经济发展规模和质量的目的。

2. 根据过程的角度来定义产业生态化

郭守前（2002）指出，产业生态化创新，是指把产业系统视为生物圈的有机组成部分，在生态学、产业生态学等原理的指导下，按物质循环、生物和产业共生原理对产业生态系统内和各组分进行合理优化组合，建立高效率、低消耗，无污染或低污染、经济增长与生态环境相协调的产业生态体系的过程。

3. 根据系统的角度来定义产业生态化

黄志斌和王晓华（2000）认为，产业生态化就是把作为物质生产过程中主要内容的产业活动纳入生态系统的循环中，把产业活动对自然资源的消耗和对环境的影响置于生态系统物质能量的总交换过程中，实现产业活动与生态系统的良性循环和可持续发展。

上述三种观点分别从产业生态化的目的、过程和系统角度出发，对产业生态化进行了阐述和解释，虽然分析角度有所不同，但是都基于产业生态化的核心——产业系统的生态化，即如何模仿自然生态系统来构造产业的生态系统，来实现产业与环境的协调发展。本书将产业生态化定义为：产业生态化是指模仿自然生态系统来构造产业的生态系统，运用循环经济理论对系统进行优化，以达到提高资源利用效率，降低甚至消除环境破坏的目的，促使经济与环境协调可持续发展的过程。

本书中所讲的陶瓷产业生态化，是指在整合陶瓷产业生产要素、实现要素资源优化配置、积极发展陶瓷产业经济的同时，也要同等重视生态环境的制约与平衡，采用有利于生态环境的生产方式、低污染甚至无污染、对环境以及人类健康无不利影响的生产技术等进行陶瓷工业生产，实现资源投入的最小化与产出的最大化，从源头上减少或彻底消除污染，实现生态系统的可持续发展，将生态环境的保护和修复与经济发展紧密结合起来，更好地满足人类的发展和享受需要。

（二）产业生态化相关理论综述

实现产业的生态化发展，与实现产业的可持续发展密切相关，实现经济的生态化发展与实现循环经济、绿色经济之间也息息相关。本节对循环经济理论、可持续发展理论、生态经济学理论与绿色经济理论进行梳理与回顾。

1. 循环经济理论

20 世纪 60 年代，美国经济学家波尔丁提出的宇宙飞船理论，被认为是循环经济理论的早期代表。波尔丁认为，飞船是一个孤立无援、与世隔绝的独立系统，靠不断消耗自身资源存在，最终它将因资源耗尽而毁灭，唯一使之延长寿命的方法就是要实现飞船内的资源循环，尽可能少地排除废物。同理，地球经济系统如同一艘宇宙飞船，尽管地球资源系统大得多，地球寿命也长得多，但是只有实现对资源循环利用的循环经济，即我们只有在人、自然资源和科学技术的大系统内，再资源投入。在企业生产、产品消费以及废弃的全过程中，把传统的依赖资源消耗的线性增长经济转变为依靠生态型资源循环来发展经济，地球才能得以永存。

就一般意义而言，循环经济是指在人、社会经济和生态环境的整个系统内部，在投入、产出、消费和废弃的全过程中，运用生态经济规律来指挥人类活动的经济形式，是一种人类与自然环境和谐发展的经济发展模式。循环经济实质上是一种生态经济，要求企业将经济活动按照资源投入—产出产品—再生可回收资源的可循环流程进行，力求整个经济活动过程中所有的物质都能够在这个不断进行经济循环的过程中得到充分、合理且持续的利用，将经济活动对生态环境的损害影响程度降到最低。

循环经济的实行主要遵循三项基本原则，又称为 3R 原则，即减量化基本原则、再使用基本原则和再循环基本原则，具有能源低开采、资源能源高利用以及低排放的主要特征，能够达到节约资源和能源、保护生态环境的主要目标。

循环经济理论自提出以来不断进行发展和创新，美国地球政策研究所莱斯特·布朗认为，经济是环境的一部分，经济是环境的子系统，经济必须属于生态这一概念。所以，经济发展模式应以大自然为依据，并做出必要的调整甚至重新设计，在此过程中政府要发挥更大的作用。同时，人们应该适度消费，并尽可能用可循环使用的产品替代一次性用品。

循环经济理论作为一种先进的、新型的经济体系理论，其本质是生态经济理论。生态经济学是以生态学原理为基础，经济学原理为主导，以人类经济活动为中心，运用系统工程方法，从最广泛的范围研究生态和经济的结合、从整体上去研究生态系统和生产力系统的相互影响、相互制约和相互作用，揭示自然和社会之间的本质联系和规律，改变生产和消费方式，高效合理利用一切可用资源。简言之，生态经济就是一种尊重生态原理和经济规律的经济。它要求把人类经济社会发展与其依托的生态环境作为一个统一体，经济社会发展一定要遵循生态学理论。生态经济所强调的就是要把经济系统与生态系统的多种组成要素联系起来进行综合考察与实施，要求经济社会与生态发展全面协调，达到生态经济的最优目标，而循环经济本质上是一种生态经济，它要求运用生态学规律而不是机械论规律来指导人类社会的经济活动。与传统经济相比，循环经济的不同之处在于：传统经济是一种由资源—产品—污染排放单向流动的线性经济，其特征是高开采、低利用、高排放。在这种经济中，人们高强度地把地球上的物质和能源提取出来，然后又把污染和废物大量地排放到水系、空气和土壤中，对资源的利用是粗放的和一次性的，通过把资源持续不断地变为废物来实现经济的数量型增长。与此不同，循环经济倡导的是一种与环境和谐的经济发展模式。它要求把经济活动组织成一个资源—产品—再生资源的反馈式流程，其特征是低开采、高利用、低排放。所有的物质和能源要能在这个不断进行的经济循环中得到合理和持久的利用，以把经济活动对自然环境的影响降低到尽可能小的程度。

2. 可持续发展理论

1987 年，布伦兰特夫人在世界环境与发展委员会(WCED)

会议上发表了《我们共同的未来》报告，在报告中正式使用了可持续发展的概念，并对其进行了比较系统的阐述，奠定了可持续发展的框架基础。报告中指出，所谓可持续发展，是指能满足当代人的需要，又不对后代人满足其需要的能力构成伤害的发展。该定义中包括两个重要概念：是需要，尤其是世界各国人们的基本需要，应将此放在特别优先的地位来考虑；是限制，技术状况和社会组织对环境满足眼前和将来需要的能力施加的限制。涵盖范围包括国际、区域、地方及特定界别的层面，是科学发展观的基本要求之一。

可持续发展是人类对工业经济发展所引起的环境等问题进行反思的结果，是人类为克服一系列经济、社会和环境问题，特别是全球性的环境污染和生态破坏问题以及它们之间关系失衡所做出的理性选择，经济发展、社会发展和环境保护是可持续发展的核心组成部分，应引起各国人民及政府的关注。1992 年 6 月，联合国环境与发展大会提出并通过了全球的可持续发展战略——《21 世纪议程》，要求各国根据本国情况，制定各自的可持续发展战略、计划和对策。在联合国号召的积极影响下，中国也做出了积极响应：1991 年，中国发起召开了“发展中国家环境与发展部长会议”，发表了《北京宣言》；1992 年 6 月，中国总理参加了在里约热内卢举行的世界首脑会议，中国政府庄严签署了环境与发展宣言；1994 年 3 月 25 日，中华人民共和国国务院通过了《中国 21 世纪议程》，同时制订了《中国 21 世纪议程优先项目计划》；1995 年，中华人民共和国党中央、国务院把可持续发展作为国家的基本战略，号召全国人民积极参与这一伟大实践。

坚持可持续发展战略，即是要坚持其三项基本原则，分别是公平性原则、持续性原则和共同性原则。公平性原则是指本代人之间的公平、代际之间的公平和资源分配与利用的公平，该原则认为人类各代都处于同一生存空间，他们对这一空间的自然资源和社会财富拥有同等享用权，拥有同等的生存权，因此实现可持续发展就要优先给予各国人民、各地区人民以及世世代代平等的发展权。持续性原则认为人类经济和社会的发展不能超越资源和环境的承载能力，即在满足人类需要的过程中，必须要有限制因素（主要限制因素为人类赖以生存的自然资源和生存环境）的存在，真正实现人类的当前利益与长远利益的有机结合。共同性原则是指各国可持续发展的模式虽然不同，但是公平性和持续性原则是共同的，即全球必须联合起来，共同保卫我们的家园。

可持续发展战略包括三项基本内容，即经济可持续发展、生态可持续发展和社会可持续发展。三者相互联系、相互制约，形成了一个复合的系统。

3. 生态经济学理论

生态经济学是生态学与经济学交叉发展起来的一门新兴边缘学科，其主要目的是依据生态学和经济学的原理，研究人类活动（包括社会活动和经济活动）与自然生态环境之间相互作用产生的关系，以实现人类社会长期稳定健康发展的目标。

生态经济学主要研究以下四方面的问题：第一，探讨人类社会经济与地球生物圈之间的关系，包括人口过剩、粮食匮乏、能源短缺、自然资源耗竭和环境污染等问题；第二，研究自然生态系统的维持能力与国民经济之间的关系，为制定符合生态经济规律的社会经济综合发展战略提供科学依据；第三，分析森林、草原、农业、水域和城市等各主要生态经济系统的结构、功能和综合效益问题；第四，探究基本经济实体同生态环境之间的相互作用问题。

生态经济学研究具有综合性、层次性、地域性和战略性四个方面的显著特点。综合性是指生态经济学结合自然科学和社会科学共同研究经济问题，是从生态经济系统的整体出发研究人类活动和自然生态系统之间的相互作用关系；层次性是指生态经济学的研究范围涉及各种层次区域生态经济问题；地域性是指生态经济学的研究要以某一国家的国情或某一地区的情况为依据；战略性是指生态经济研究的目标是使生态经济系统整体效益优化，从宏观上为社会经济的发展指明方向，因此具有战略意义。

生态经济学理论包含多项内容，可总结如表 1－5 所示。

4. 绿色经济

绿色经济是以市场为导向、以传统产业经济为基础、以经济与环境的和谐为目的发展起来的一种新型经济形势，是产业经济为适应人类环保与健康而产生并表现出来的一种发展状态。

表1－5　生态经济学理论

理论名称	理论内容
生态经济理论	①生态经济两重理论；②生态经济邮寄整体理论；③生态经济全面需求理论；④生态经济生产理论；⑤生态经济价值理论；⑥生态经济循环理论；⑦生态经济战略理论
生态经济基本理论	社会经济发展和自然资源及生态环境之间的关系
生态经济平衡基本理论	在一定时间内生态系统中的生物和环境之间、生物各个种群之间，通过能量流动、物质循环和信息传递达到高度适应、协调统一的状态
生态经济效益基本理论	在人们的生产过程中依据生态平衡规律，使自然界的生物系统对人类的生产、生活条件和环境条件产生有益的影响，其关系到人类生存发展的根本利益和长远利益

绿色经济一词最早源自英国环境经济学家皮尔斯于1989年出版的《绿色经济的蓝图》一书。皮尔斯认为，绿色经济的蓝图是从环境的角度，阐释了环境保护及改善的问题。

我国学者季铸教授将绿色经济定义为：绿色经济是以效率、和谐、持续为发展目标，以生态农业、循环工业和持续服务产业为基本内容的经济结构、增长方式和社会形态。他认为绿色经济是一种全新的三位一体的思想理论和发展体系，即效率、和谐、持续三位一体的目标体系，生态农业、循环工业、持续服务产业三位一体的结构体系，绿色经济、绿色新政、绿色社会三位一体的发展体系。

绿色经济包含范围广泛，既可以指具体一个微观单位的经济，又可以是一个国家的国民经济甚至可以是全球范围内的经济。绿色经济的发展是对传统经济模式的根本性变革，是人类实现和谐发展的必由之路。

绿色经济出现后，国内外学者对其进行了重点的研究，并提出了各自不同的观点。

皮尔斯（1989）认为，经济发展必须在自然环境和人类自身可以承受的范围内进行，不能为了发展经济而放弃自然，不能因为盲目追求生产增长而造成社会分裂和生态危机，更不能因为自然资源耗竭而使经济无法继续发展，主张从社会及其条件出发，在发展经济的同时充分考虑自然资源的枯竭将带来的严重后果，要建立一种自然环境可以承受的经济发展模式，建立一种“可承受的经济”，即绿色经济。季铸（2010）认为，绿色经济是一种新的发展理念、新的发展目标，新的经济结构和新的发展方式，新的人本自然的理念替代了以人为本的旧理念，新的效率、和谐、持续的发展目标替代了传统的单一长目标，新的绿色经济结构替代传统的白色农业、黑色工业为主体的旧经济结构，新的效率、和谐、持续的增长方式替代了低效、冲突、不可持续的旧的增长方式，新的绿色经济、绿色新政、绿色社会也替代了传统社会。1990 年，Jacobs 和 Postel 等正式提出了“绿色经济学”概念，并提倡在传统经济学三种生产基本要素（劳动成本、土地成本和人造成本）外，新加入一种生产基本要素——社会组织成本，绿色经济学中的社会组织成本是指地方小区、商业团体、工会乃至国家的法律、政治组织，到国际的环保条约等。随后，绿色经济理论的研究逐渐深入，在世界范围内掀起了一股绿色革命的浪潮。

5. 中国关于绿色经济理论相关文献综述

我国对于“绿色经济”的研究代表性人物为季铸教授，季铸教授是北京工商大学世界经济研究中心主任、遂宁绿色经济研究院院长，也是绿色经济系统理论的创建者和实践者之一。

季铸教授认为，绿色经济是指以效率、和谐、持续为发展目标，以生态农业、循环工业经济和持续服务产业为基本内容的经济结构、增长方式和社会形态。季铸教授在中国四川遂宁按照“结构增长 + 绿色经济”理论，帮助地方政府完成了传统经济模式向绿色经济模式转变的目标。2010 年 11 月 20 日，联合国工业发展组织国际环境资源管理监督机构授予四川遂宁全国首个“绿色经济示范城市”称号。季铸教授每年还会发布《中国 300 个省市绿色经济与绿色 GDP》。目前，绿色经济正以其强大的逻辑力量推动全国经济转变，发达国家普遍转向了绿色经济，在传统经济向绿色经济转变中实现结构增长。

三、陶瓷产业生态化研究的文献综述

面对我国传统的陶瓷生产工艺所带来的高能耗与高污染

问题，我国学者纷纷提出陶瓷产业生态化发展的观点，在这些研究中，我国学者主要论证了我国陶瓷产业实行生态化发展的原因，并从定性的角度对陶瓷产业生态化的路径和对策进行了探讨，但是实证研究却很少见。叶敏坚（2006）以广东佛山为例，对我国陶瓷产业集群的可持续发展进行了相关研究，研究结果表明，要解决中国陶瓷产业面临的生产要素稀缺、污染问题严重、自主创新能力低下等问题，陶瓷产业必须坚持走可持续发展道路；郑四华、林洋和姜静（2007）对我国实行生态型陶瓷工业的措施进行了相关研究，分析了我国陶瓷产业实行生态化转型的必要性和相关建议，研究结果表明，我国要实现陶瓷产业生态化发展，陶瓷企业就必须要进行生态化设计、加强技术创新等工作，政府就要积极对陶瓷企业实施监控和相关激励措施。蒋荣猫（2009）对我国建筑陶瓷产业的生态化进行了研究，指出建筑陶瓷产业是一个高污染、高消耗型产业，传统的生产方式不符合可持续发展的战略；要实现建筑陶瓷产业的可持续发展，就要将生态化的理论引入到陶瓷产业中来，改善陶瓷产业的高消耗和高污染问题。龚志文、郭灵和胡玲（2010）对陶瓷产业实现生态化过程中陶瓷企业应该承担的责任进行了相关研究，指出陶瓷产业的发展为我国带来了严重的环境污染问题，所以陶瓷企业应该树立生态化发展理念，肩负起保护环境的社会责任。宫小龙等（2010）对我国陶瓷生态工业园区内的陶瓷生产过程中所需的能量进行了集成分析，指出使用物流和能流共生耦合资源化生产模式实施余热回收利用，不仅能够提高陶瓷产业的资源利用率，而且还能降低陶瓷产业对环境的污染，实现陶瓷产业的生态化。张梅（2011）以江西景德镇为例，对我国建设陶瓷生态工业园区的建设进行了 SWOT 分析，景德镇具有资源和文化内涵等优势，但同时也有企业规模较小、生态技术推广困难等劣势，并指出政府在陶瓷产业生态化建设中有至关重要的作用。张梅（2011）还对我国江西景德镇陶瓷工业园区的生态化转型所面临的问题进行了分析和总结，认为陶瓷企业环保意识不强、陶瓷生态化相关政策法规不完善、节能环保技术难以推广是陶瓷产业工业园区实现生态化面临的主要障碍，陶瓷产业要实现生态化，就必须加强企业意识、完善相关制度等工作。郑四华和郭灵（2011）对我国江西景德镇陶瓷产业生态化发展进程中存在的相关问题进行了深入研究，结果显示，我国陶瓷产业在生态化发展中存在陶瓷企业缺少与生态环境协调发展意识，陶瓷产业生态化技术和设备均落后，能源利用率低、能耗大等多方面的问题，需要及时解决。林文斌（2013）针对我国陶瓷工艺设计过程中有关生态问题进行了研究，结果表明，我国陶瓷产业在其生产原料选择、生产过程以及后期加工过程中存在大量的生态问题，所以陶瓷产业的生态化发展是必要的。此外，陶瓷产业应该注重节能减排以及避免浪费，为保护生态环境做贡献。张锡秋（2014）对我国的日用陶瓷产业进行了研究，分析了我国日用陶瓷的发展现状，即中国的资源和能源形势日益严峻，这使得我国陶瓷产业的持续发展面临着巨大的挑战，所以，陶瓷产业必须要进行深化改革，走可持续发展的道路。宋充和程磊（2015）基于生态化的视角，对景德镇的陶瓷文化进行了探讨。孙悦（2016）对我国民间陶瓷的生态化设计进行了研究。

四、产业集群的生态化研究的相关文献综述

所谓产业集群，是指某一特定空间内，由一群相邻且彼此独立但又相互联系的组织或机构所形成的网络，是产业中常见的一种生存模式，陶瓷产业也不例外。关于产业集群的生态化发展，我国学者也得出了大量的研究成果，同样地，这些研究中关于产业集群生态化的实证研究相对也较少。王晓春（2007）基于产业生态化的视角对我国产业集群的模式进行了探讨，指出产业生态化与产业集群完成系统的耦合，不仅可以提高产业生态化的运行效率，还可以避免产业集群带来的拥挤效应，实现生态效益、经济效益和社会效益的统一。韩华林（2008）基于生态学的视角，对我国产业集群的发展模式进行了探讨，得出了竞争与合作的发展模式是我国产业集群实现生态化发展的内在动力的结论，并指出产业集群走生态化发展道路是社会、经济和自然环境实现可持续发展的首要选择手段。王志（2008）以威海火炬高技术产业开发区为研究对象，对产业集群生态化进行了实证分析，研究发现，产业的资源情况、人力资源配置、文化氛围、创新能

力、生产能力以及市场能力等众多因素均会对产业生态化发展水平产生一定的影响，产业应该努力提升自身能力，提高创新能力和市场份额，为实现生态化发展奠定基础。金贤锋等（2009）从广义协同理论的视角出发，以产业集群在可持续发展中面临的主要问题与其所表现出的生态属性为研究重点进行了相关研究，发现产业集群分组间的协同以及产业集群与自然环境之间的协同都会促进产业集群系统间有效适度的联结，使资源使用效率和系统的有序性得到提高，保证生态系统和产业集群系统的协调性和稳定性；胡孝全（2011）对我国产业生态化和产业集群生态化发展策略进行了研究，指出产业集群生态化的发展已经成为我国中小企业集群可持续发展的必然选择，并指出了产业生态化和产业集群生态化的耦合关系，认为技术创新是产业集群实现生态化发展的关键因素。赵进（2011）以中关村产业集群为例，对我国产业集群生态系统的协同演化机理进行了深入研究，指出产业集群具有生态群落的特点并且在产业集群内部，集群之间存在着协同演化关系，使集群中的企业在竞争中不断进化，形成稳定的产业集群部落。宫淑燕和夏维力（2013）以协同创新理论为基础，对产业集群和生态化协同创新作用机理进行了研究，表明产业集群和生态化协同创新是人与自然可持续发展在经济领域的重要体现，并且这是一个动态过程。陆辉和赵敏（2013）以江苏省南通市为例，在产业生态观视角下研究了我国的产业集群生态化实现对策，突出了政府和市场机制在产业集群实现生态化发展中的重要作用。左志平和康贤刚（2014）对我国湖北省产业集群区域制造业企业进行问卷调查，利用调查数据对我国产业集群供应链生态化合作影响因素进行了实证研究，结果表明，外部压力和支持力度对产业集群供应链生态合作的影响程度最大，而高层领导决策、产品销售数量和污染控制执行力是产业集群供应链生态化的限制因素。张晓芬、刘晓玲和董玉宽（2015）以辽宁省为例，对我国产业集群生态化发展模式进行了实证研究，结果表明，产业集群可以采取减量化、循环化和资源化三种生态发展模式进行发展，实现可持续发展的伟大目标。

五、其他产业生态化研究的相关文献综述

相比于陶瓷产业，我国学者对于其他产业的生态化进行了大量的科学研究，这些研究中既包含定性研究，也包括定量研究，可以为我们定量研究陶瓷产业的生态化问题提供借鉴和参考。阮海岩（2006）对我国房地产业的生态化展开了具体的研究，首先他对我国房地产行业的现状和现存问题进行了剖析，提出了房地产行业要持续发展就必须走生态化发展道路；其次提出房地产业生态化是一项系统工程，需要各方面的长期共同努力，将循环经济和绿色经济实践到底。杨丽丽（2007）对汽车行业的生态化进行了具体研究，她以汽车产业生态化的基本理论和国内外研究成果为基础，结合产

品生命周期理论和环境成本会计学理论，创立了汽车产品生命周期环境成本评估方法，用以计算汽车行业的发展带来的环境成本大小；此外，她还具体分析了我国汽车产业的发展带来的环境污染等问题，提出了关于建设我国汽车产业生态化的意见：即要实现汽车产业的生态化设计和规划建设汽车产业生态园区。文芳（2007）对贵州省的煤炭产业生态化进行了研究，提出我国煤炭工业发展战略中必须要有生态环境意识和安全意识，走一条生态化的煤炭工业之路。葛文（2010）以新疆天业生态工业系统为例，研究了我国氯碱化工行业的产业生态化模式，指出天业生态工业系统生态化建设具有坚持大循环与小循环相结合、能量和水资源的高校利用等、经济效益和社会效益相结合以及关键链接技术等值得借鉴的地方。周志刚（2011）研究了水泥工业的生态化，同陶瓷产业一样，水泥工业也是典型的能源、资源消耗型产业，作者以压力—状态—响应模型为主线，分析了我国水泥工业的主要环境影响类型，探讨了环境影响因素的变化机理，构建了我国水泥工业生态化发展模式，建立了生态化水泥工业系统投入产出模型。黄群（2013）对我国海洋渔业生态化发展进行了详尽的研究，构建了我国海洋渔业生态化指标体系，并进行了实证分析，发现生态化发展是海洋渔业获取和维持可持续发展的重要实践手段，海洋渔业的发展需要改变现有的渔业资源利用模式，改变产业流程，减少废物排放，使海洋渔业适应环境而不是环境来适应海洋渔业。伍国勇（2014）以贵州农业为例，对我国的农业生态化发展情况进行了实证分析，基于超循环经济的视角，详细地研究了我国农业生态化发展的路径，提出构建农业超循环经济体系是促进我国农业生态化发展的有效途径，亦是解决我国现代农业生态困境的有效途径。吴丹洁（2014）以福建省为例，研究了海洋产业的生态化，指出海洋产业生态化发展进程中存在科技创新能力不足、生态环境压力过大等问题，并针对问题提出了改进意见。

综上所述，我们发现，在我国现有的研究中，关于陶瓷产业生态化领域的研究，大都停留在定性研究层面，在陶瓷产业生态化评价方面，指标的选择也多是定性指标，很少有将定性指标进行量化的研究出现，相比其他产业生态化的研究，我国关于陶瓷产业生态化的定量研究领域几乎呈现空白状态。本书为了弥补这一空白，在前人研究的基础上，构建了定量评价陶瓷产业生态化指标评价体系，并利用实证研究方法考察了我国陶瓷产业实现生态化发展的效果和效益，丰富了该领域的研究成果，为我国陶瓷产业实现生态化发展提供了更为直观的证据。

第二章　我国陶瓷产业实行生态化发展的必要性分析

一、陶瓷产业的主要特征

随着工业产业的崛起，我国的陶瓷产业取得了不断的发展与进步，陶瓷产品总产量多年居于世界第一的位置，我国目前已经成为了名副其实的陶瓷生产大国，而我国陶瓷产业在不断的发展过程中逐渐地呈现出以下的发展特征：

（一）原材料需求丰富且要求严格

我国陶瓷生产用原材料是丰富的矿物质资源，主要原材料是黏土。黏土在含水的混合物中使陶瓷坯料具有可塑性，从而形成应力较小的复杂形状制品，并在消除应力后仍然能够保持其原有形状。黏土主要来源于高岭石、叙永石、蒙脱石和水云母等矿物中。除了黏土之外，用于生产陶瓷的原材料还有石英、溶剂原料和镁硅酸盐类原材料等。石英属于非可塑性原材料，可用于陶瓷制品坯体、釉料等配方。石英可以用来降低陶瓷泥料的可塑性，减少坯体收缩的可能性，还可以将石英添加在釉料中以提高釉的熔融温度和黏度，减少釉的膨胀系数，亦可以提高釉的机械强度、硬度、耐磨性和耐化学腐蚀性。溶剂原料是指能够降低陶瓷坯釉烧成温度、促进陶瓷制品烧结的原料，主要物质为长石，用途为能够促进其他矿物原料熔融，使坯体质地致密，提高陶瓷制品的机械强度。镁硅酸盐类原材料也可以用来降低烧成温度，还可以扩大烧成范围，提高产品的半透明度和热稳定性。此外，霞石、白云石、硅灰石、透辉石等均可以用来作为陶瓷制品生产的原材料。

中国的陶瓷矿物生产原材料储量相对较丰富，但是，在选择陶瓷制品成型坯料时，要根据陶瓷制品的用途和性能，选择适合陶瓷制品生产参数的原材料，即选用的原材料的成分和规格要符合陶瓷制品生产过程和使用范围。例如，根据积累的经验，我们可以用三种主要原材料成分——石英、长石和高岭土分别制瓷，标记生产餐具、电工技术制品和装饰制品等不同种类陶瓷的组成范围。所以，只有选择的陶瓷生产原料性能与相应陶瓷成品的用途相互适应、相互符合，才能生产出高品质的陶瓷制品。

（二）能源消耗量大

改革开放以来，我国的陶瓷产业取得了快速的发展，1993年以后，我国的建筑陶瓷产量一直居世界首位。2008年我国陶瓷瓷砖产量为57.55亿平方米，人均产量居世界第三位；2009年我国瓷砖产能继续扩大，年产量突破66亿平方米，人均瓷砖量达到4.48平方米，居世界第一的位置，这充分证明了中国陶瓷行业强劲的发展势头。2015年，我国建筑陶瓷和卫生陶瓷产量均居世界首位，建筑瓷砖年产量约为101.8亿平方米，而世界瓷砖的总产量为123.55亿平方米，我国瓷砖的总产量在世界瓷砖的总产量中所占的比例达到了82.40%。如果按20～24千克/平方米的资源消耗量来计算，则我国年消耗泥料和石料将为20360万～24432万吨；按每平方米消耗燃油1.4～1.5升计算，则每年消耗燃油高达142.52亿～152.7亿升。据估计，在陶瓷制品的生产成本中，物料消耗成本占到总成本的30%～50%，燃料、电力等能源消耗成本占总成本的23%～40%，物料消耗成本和能源消耗成本合计占总成本的80%以上，所以，陶瓷产业一直是能源资源高消耗型产业①。

作为陶瓷生产大国的中国，又是一个资源能源相对匮乏的发展中国家，中国45种矿产的人均产量不及世界平均水平的1/3，其中，发展重工业的基础资源要低于世界平均水

① 数据来源于中国陶瓷家居网（http：//www.taocijiaju.com/hangye/detail－11180－1.html）。

平，铁矿石不足世界平均水平的9%，铜矿不足5%，铝土矿不足2%；能源的人均可采储量更是远远低于世界平均水平，石油储量是世界总储量的2.3%。除此之外，中国的生产方式使得资源平均回收率仅为30%左右。改革开放之后，中国加速了工业化进程，能源资源的对外依存度不断上升，导致生产成本进一步增加①。

作为陶瓷生产大国，实现陶瓷产业的生态化发展是陶瓷产业生产的大势所趋，也是陶瓷产业可持续发展的重要条件。

（三）污染问题严重

陶瓷产品在生产过程中需要消耗大量的黏土和砂石等无机矿产资源，烧制过程中又需要消耗大量的能源，然而传统的陶瓷生产方式使得资源能源利用率较低，再加之陶瓷生产过程缺乏有效的监控，所以导致了陶瓷生产过程中产生了大量的废弃物，给社会环境带来了沉重的压力。尤其是近年来陶瓷产业高速发展，产量越来越多，产生的废料数量越来越多，使得环境更加不堪重负。

陶瓷产业生产过程中产生的主要污染可分为三类：①固体废弃物：废品、泥渣、废渣等；②污水：含有有毒的重金属物质，如铅、镉等；③气体污染：二氧化硫、一氧化氮、粉尘、烟尘等。这些污染严重影响了人类的身心健康。

① 数据来源于陶城网（https：//www.fstcb.com）。

陶瓷产业带来的环境污染问题已经不可忽视，如何将陶瓷生产过程中产生的废料变废为宝，如何实现回收原料的再度利用，是我国科技和环保部门应该考虑的问题。为此，我国国家环境保护组织制定了《陶瓷工业污染物排放标准》，对建筑陶瓷生产做了更加翔实的规定和限制，迫使我国陶瓷产业必须走生态化发展道路。

（四）包装与运输环节的重要性

由于陶瓷产品均属于易碎商品，且不同种类的陶瓷制品其易碎程度各不相同，所以在设计其运输采用的包装时，首先要考虑陶瓷产品的脆值（指产品经受震动和冲击时用以表示其强度的定量指标），以此来决定采用何种包装材料。例如，产品的缓冲衬垫材料是选择泡沫材料还是蜂窝纸板，是选择气泡塑料薄膜还是纸浆模型；外包装箱是选择瓦楞纸箱还是木箱，或是其他包装箱，这些都是由陶瓷产品的特质而决定的。

陶瓷产品的包装环节与运输环节密切相关，根据陶瓷产品选择的包装情况，来选择相应的对陶瓷产品损害程度最小的运输方式可以有效降低运输成本。陶瓷产品的运输可以选择公路运输、铁路运输、航空运输以及海上运输等运输方式，选择何种运输方式与陶瓷产地的地理环境息息相关。成功地为陶瓷产品选择正确的运输方式，不仅可以降低运输成本，同时可以降低陶瓷产品的损坏率，为买卖双方减少不必要的损失。

二、陶瓷产业发展与地方经济发展的关联性分析

在全球经济一体化进程加快和我国市场开放程度不断提高的背景下，我国的经济得到了迅速的发展，各个产业的发展也随之进入了一个新的阶段，尤其是陶瓷产业呈现出一片朝气蓬勃的景象。近年来，我国陶瓷产业不断发展，不仅陶瓷年产量已经居于世界首要位置，陶瓷的出口量也已经位于世界领先地位，成为了世界上最大的陶瓷生产国和贸易大国。陶瓷产业的发展主要源自我国各个陶瓷工业区的贡献，目前我国的陶瓷产业区域主要有江西的景德镇，广东的佛山、潮州，河北的邯郸、唐山，山东的淄博，湖南的醴陵，江苏的宜兴，福建的德化，四川的夹江，辽宁的法库等。陶瓷产业一般都是陶瓷工业区的支柱性产业或主要产业，对国民生产总值、国家税收以及就业等方面都有积极作用，所以，其对当地经济的发展具有重要的作用且是其他产业无法替代的。现以江西景德镇为例阐述陶瓷产业作为主导产业与地方经济的发展之间的密切关系。

景德镇陶瓷的兴起源于汉朝，发展源远流长，宋代时期的青瓷典雅秀丽、元代时期的青花瓷幽静素净、明代时期的玲珑瓷碧绿透亮，进入现代，景德镇陶瓷产业的发展已经迈进了一个新的发展阶段。现在，景德镇陶瓷工艺精湛，主要

以艺术陶瓷、生活用陶瓷以及陈设用陶瓷为主，多以白瓷著称，具有品种繁多、风格独特、瓷质优良、造型轻巧、装饰多样等特点，不愧是中国文化宝库中一笔重要的财富。

从古至今，江西景德镇一直都是以瓷立市，景德镇的经济随着陶瓷产业的不断发展而发展。虽然景德镇陶瓷产业的发展经历了不同的时期，但是其与景德镇当地区域经济发展始终保持着密切的关系。景德镇陶瓷学院学生蔡清龙（2007）在其硕士学位论文中，以江西景德镇为例，对陶瓷产业与区域经济发展之间的联系进行了实证研究。他选取了2001～2005年景德镇市第一产业、第二产业和第三产业的产值、陶瓷产业及景德镇人均GDP作为原始数据，运用灰色关联度分析方法来度量三者之间的灰关联度。计算结果显示：首先，这5年间，景德镇陶瓷产业发展与当地区域国民经济之间的关联度一直保持在较高的水平，大部分指标的关联系数都保持在0.8以上。其次，景德镇的三大产业与陶瓷产业的关联度都较高，三大产业发展对陶瓷产业发展的影响较显著。最后，三大产业在关联度排序中，第二产业关联度最高，第三产业次之，第一产业最低，第二产业关联度最高说明景德镇工业的发展与陶瓷产值的联系是最紧密的，第三产业的关联度系数较高说明景德镇交通运输业的发展使得陶瓷运输成本大幅度降低，从而增加了陶瓷产业的产值，第一产业关联度最低说明景德镇农业的发展对陶瓷产业产值的影响在三大产业中是最小的。

通过蔡清龙对景德镇陶瓷产业与当地区域经济发展之间

的关系进行的实证分析，我们可以得出以下结论：

第一，陶瓷产业与地方经济为同向发展关系，两者相辅相成、相互促进。在景德镇陶瓷产业的发展历史进程中，陶瓷产业与当地经济同步经历了古代的共同辉煌，近现代的日渐衰落，当代的复苏崛起。现在，陶瓷产业依然是景德镇发展的主要产业和主导产业，在当地经济发展过程中发挥着无法替代的作用。

第二，在景德镇陶瓷产业影响因素分析中，企业规模、核心技术、资金投入以及政府政策四类因素权重达到了70%，说明这四类因素的质量对促进陶瓷产业的发展起到了绝对性的作用。

第三，景德镇陶瓷产业与当地经济灰色关联分析结果显示：2001～2005年，陶瓷产业与三大产业的关联度高低依次为：第二产业、第三产业和第一产业；陶瓷产业与景德镇人均GDP、景德镇工业经济发展、景德镇交通运输业发展以及景德镇餐饮业发展等产业相互联系，但是与金融业和建筑业几乎没有联系。说明景德镇金融业和建筑业对陶瓷产业的直接投入不够，对当地陶瓷产业产值贡献微乎其微。

从上述分析中我们可以看出，景德镇陶瓷产业与当地经济发展有着紧密的联系，两者之间相互影响、相互促进，陶瓷产业的发展在经济总量、就业、居民收入等方面促进了当地经济的发展；同时，当地经济水平的提高对陶瓷产业的发展也起到了拉动作用，使得陶瓷产业获得了更多、更好的发展机会。

三、我国陶瓷产业未来的发展趋势

近些年来，随着社会经济的不断进步，人们的生活水平不断提高，伴随而来的是社会对陶瓷产品的需求量也在不断攀升，我国陶瓷的出口量节节攀升，陶瓷产品供不应求给我国陶瓷产业提供了较大的发展机会，但是，随着陶瓷产业的不断深入发展，陶瓷产业所面临的瓶颈问题逐渐显现出来，如生产陶瓷产品所需要的原材料和能源匮乏、缺少陶瓷专业的技术型人才、自主创新能力低下等，尤其是陶瓷产品生产所需的原材料和能源稀少的情况将会严重制约我国陶瓷产业的进一步发展，所以，如果想要保持陶瓷产业在我国经济发展中的重要地位，甚至是提升陶瓷产业在中国的发展地位，就必须针对我国陶瓷产业现阶段中存在的问题做出相应的改变。未来 10 年，我国陶瓷产业将呈现如下发展趋势：①坚持走可持续发展道路；②陶瓷产品的需求量不断攀升将为陶瓷产业带来新的发展良机；③个性化陶瓷产品将会成为陶瓷产品市场的主导；④陶瓷产业的专业型人才培养会得到重视，产业创新能力进一步提升；⑤陶瓷产业的知识产权维护意识进一步增强。具体分析如下：

（一）坚持走可持续发展道路

所谓实现产业的可持续发展，是指产业在追求当前阶段的生存与发展的同时，不能因为当前的利益而以牺牲后期的利益为代价，要满足产业在后续经营发展过程中实现较长时间的经久不衰。简单来讲，可持续发展就是要在产业发展过程中，既要满足当前发展需要，又要考虑未来发展需要。

陶瓷产业一般是作为陶瓷生产地区的区域性主导产业或主要产业而存在的，对区域经济乃至整个社会经济的发展具有重要的影响，但与此同时，陶瓷产业也是一种高消耗、高污染型产业，其快速发展给人类社会带来的资源减少及环境污染问题已不容忽视。陶瓷产品的生产需要丰富的原材料供应和消耗大量的能源（如电能等），两者消耗的成本费用合计占陶瓷产品总成本的比例为70%～80%，然而中国又是一个资源和能源相对匮乏的发展中国家，如果继续按照传统方式发展我国的陶瓷产业，那么中国的资源和能源存储量将会快速下降，这不仅会制约中国的陶瓷产业经济，甚至影响整个中国经济的发展与进步；除此之外，陶瓷产品在制作过程中会产生大量的污染，如粉尘和烟尘、二氧化硫、一氧化氮等有害物质，严重污染了我们赖以生存的环境，也损害了人们的身心健康。综合上述观点，陶瓷产业走可持续发展道路是中国未来几十年陶瓷产业发展的必然趋势，只有走可持续发展道路，中国的陶瓷企业才能够持续稳定发展下去，陶瓷产业才能够为中国经济不断地输出利益，促进中国产业早日实现可持续发展。

（二）具有更广阔的发展空间

近些年来，随着城镇化步伐的加快，我国城乡的发展也在加快，人民的生活水平在不断提高，基本实现了小康水平。国家统计局数据显示：2009 年，我国在岗职工平均工资为 32736.00 元、2010 年为 37147.00 元、2011 年为 42452.00 元、2012 为 47593.00 元、2013 年为 52388.00 元、2014 年为 57346.00 元、2015 年为 63241.00 元，连续 7 年我国在岗就业人员平均工资呈稳定上升趋势，即我国居民的人均收入水平处于持续稳定上升姿态，我们有理由预测这种趋势在未来一段时间内将会持续。随着人们收入水平的增加，人们不再单纯满足基本的物质需求，而是追求更高层次的享受。例如，更多的人会选择购买较为宽敞的住宅和装饰新居或者是重新装饰住宅，装饰家居就需要购置大量的瓷砖等陶瓷产品，进而促进陶瓷产品有更大的需求量，为陶瓷企业的发展提供新的空间。

在经济持续增长的环境下，我国的房地产开发取得了快速的发展，国家统计局调查数据显示：2009 年，我国商品房平均销售价格为 4681.00 元/平方米、2010 年为 5032.00 元/平方米、2011 年为 5357.00 元/平方米、2012 年为 5790.099 元/平方米、2013 年为 6237.00 元/平方米、2014 年为

6323.00 元/平方米、2015 年为 6793.00 元/平方米①，上述数据说明我国的房价连续 7 年呈现逐年上升趋势，根据供给与需求原理可知，我国的房地产业处于升温状态，未来一段时间内将不会出现“大落”趋势，所以房地产企业还会继续开发房地产，而房地产的开发需要大量的瓷砖等陶瓷产品，房地产经济的繁荣将拉动陶瓷产品的需求，进而为陶瓷企业的发展提供了良好的契机。

此外，我国是陶瓷生产大国，亦是陶瓷出口大国，我国生产的陶瓷制品出口至世界 200 多个国家和地区。比如，我国生产的陶瓷常远销英国、德国、西班牙、墨西哥和加拿大等国家，国外市场对于中国陶瓷产品的高度认可，使得我国陶瓷的需求量进一步增加，为我国陶瓷产业的发展提供了宽广的贸易空间和更优厚的发展机会。

（三）个性化陶瓷产品的主导地位

随着人们生活水平的日渐提升，人们对精神追求的标准会越来越高。陶瓷产品与人们的生活息息相关，为满足人们的需求，陶瓷产品未来也必须向个性化方向发展。陶瓷产品的个性化发展是陶瓷产业发展的趋势，主要体现在以下两个方面：

从居家生活方面来看，人们对日常家庭生活的要求日益显现个性化，如喝茶用的茶具、吃饭用的餐具等陶瓷产品要

① 数据来源于中国产业信息网（http：//www.chyxx.com/industry/201511/354202.html）。

具有一定的特色才会被人们认可、购买；再如白酒酿造商用来盛放白酒的器具，如果这种容器是陶瓷制品且外观看上去更似文物，具有较高的观赏价值，即使厂家提高销售价格，人们也愿意购买，因为看上去让人心里更具满足感。这种家居陶瓷的个性化特色会让人们的心情感到舒畅，所以，为了满足客户的心理需求，我国陶瓷产业在未来的发展过程中会更加注重陶瓷产品的个性化发展。

从收藏价值角度来看，现阶段大部分企业家或老年人会把收藏陶瓷制品作为自己人生的一大乐趣。一些具有个性化的陶瓷产品就会更加吸引收藏者的眼球，使收藏者产生收藏的欲望。为了满足收藏者收藏陶瓷制品的愿望，陶瓷生产企业必须形成自己独有的特色，才能够形成自己的陶瓷产品市场。

（四）专业人才增加，创新能力提升

我国是陶瓷生产大国，但是培养陶瓷专业相关人才的院校或机构并不多，类似景德镇陶瓷大学这样的专业院校更是寥寥无几，每年输出的陶瓷专业人才屈指可数。未来几十年，在我国陶瓷产业持续稳定发展的背景下，我国需要的陶瓷专业技术型人才会越来越多，因此，我国急需建立陶瓷专业人才培养机构或院校，注重培养更多顶级的陶瓷专业技术型人才，为我国陶瓷产业的繁荣发展奠定人力基础。

当前阶段，欧洲等国家已经实现了陶瓷产业的高科技化发展，这无疑会对我国陶瓷产业的发展带来前所未有的冲

击，与此同时它也会促进我国陶瓷产业快速走上高科技化的发展道路，陶瓷企业对高科技技术的依赖程度也会越来越高，使我国陶瓷产品实现产品设计的创新、生产过程的创新等，未来高科技陶瓷产品将走向全球。

（五）知识产权维护意识不断增强

知识产权与陶瓷产业密切相关，从陶瓷生产原材料的选择、陶瓷产品的外观设计到陶瓷产品的烧制过程，都有可能涉及知识产权问题。由于陶瓷产品市场空间广阔，被恶意侵害知识产权的情况屡次发生，这严重损害了知识产权拥有者的合法权益，打消了技术开发人员的积极性，进一步影响陶瓷工艺水平的提高，导致一些传统的艺术陶瓷制品工艺逐渐消失，陶瓷产品品种趋于单一。所以，对陶瓷产品的知识产权的保护是一项完全有必要的工作。未来，相信我国也会逐渐意识到这一点，加强对陶瓷产品知识产权的保护，维权意识将会不断增强。

第三章　我国陶瓷产业的发展现状分析

通过前文的分析，不可否认，我国陶瓷产业经济的发展能够拉动地方经济的进步与发展，尤其是像江西景德镇、广东佛山这种以陶瓷生产为主要支柱性产业的地区而言。从这一角度来讲，我国陶瓷产业的发展与我国的经济发展是有益的；但与此同时，我们也发现我国陶瓷产业在发展过程中存在很多问题，而且这些问题是不容忽视的。本章以陶瓷产业的相关数据为基础，利用描述统计分析方法，对我国陶瓷产业在我国的区域布局情况、陶瓷生产技术以及生产效率方面对我国陶瓷产业的现状进行了具体分析，进而发现并提出我国陶瓷产业在现阶段的发展过程中存在的主要问题，为后续章节的实证研究提供理论基础和经验证据。

一、我国陶瓷产业的布局情况

虽然中国的陶瓷产业从古代已经开始兴起，但是中国陶瓷产业的现代化进程尚处于初步阶段，尤其是建筑陶瓷工业，在最近10年才得到了快速的发展；再加上中国地域辽阔，发展进程中形成了许多历史、地理等方面的因素，导致我国各区域经济发展过程中出现了生产力非均衡的现象。受上述因素的影响，中国的陶瓷产业分布跨度较大，即我国陶瓷产业的布局也呈现出非均衡的现象。中国陶瓷企业遍布29个省、市、自治区，但是由于区域化集中程度极高，目前已经形成了“三山两江一海”的局面，其中“三山”分别指广东佛山、山东博山和河北唐山，“两江”分别指四川夹江和福建晋江，“一海”指的是上海。这些产区的陶瓷年总产量可以达到全球陶瓷总年产量的50%左右。除了上述六大陶瓷产区之外，我国其他一些省份的陶瓷产业也得到了快速的发展，如湖南衡阳、江西瑞昌以及沈阳法库等地区，这些省份陶瓷产业形成了竞相发展的生产格局。

陶瓷产业的快速发展为我国经济的繁荣补充了“新鲜血液”，但不容忽视的是，陶瓷产业属于高能耗、高污染型产业，各区域陶瓷产业的迅速发展给当地带来严重的环境污染问题使各地区陶瓷企业的运营陷入了困境，当地政府甚至要将陶瓷企业驱赶出去，大量的陶瓷生产企业因此而被迫停产甚至倒闭破产。在此背景下，有幸留下的陶瓷企业为了继续生存，不得不考虑进行战略转移。所以，2007 年以来，我国传统的陶瓷产区在不断进行转移，转移过程中，江西地区的陶瓷产业突然崛起，完成高安、景德镇、丰城、九江和萍乡五大陶瓷生产基地的建设，成为中国最重要的新兴陶瓷产业基地，自此中国陶瓷产业形成了新的格局。表 3 －1 为江西五个陶瓷生产基地的分布情况表。

表 3 －1　江西五大陶瓷生产基地分布情况一览表

地区	陶瓷生产基地	主要优势
高安	江西省建筑陶瓷产业基地	具有丰富的资源优势
景德镇	日用陶瓷生产基地	资源丰富、深厚的文化底蕴
丰城	精品陶瓷生产基地	资源丰富、地理条件优越
九江	建筑陶瓷出口生产基地	交通便捷
萍乡	工业陶瓷生产基地	资源丰富、交通便利

除了江西地区陶瓷产业规模不断扩大之外，我国其他新兴陶瓷产业基地也在不断扩大，如拥有雄厚资源的河北高邑、四川丹棱、甘肃白银等地区；具有地理优势地位的湖南岳阳、广西北流、湖北宜昌、宁夏中卫等地区，以及有着广阔新市场的新疆伊犁和内蒙古包头等地区，都已经发展到了一定的规模。表 3 －2 详细描述了我国陶瓷产业此次战略转移的具体情况。

表 3－2　2007 年一定规模以上陶瓷企业转移情况

迁出省份	迁入省份	企业数（家）	投资总额（亿元）	生产线总数（条）
广东省	江西省	12	117.7	129
广东省	湖南省	3	23	50
广东省	内蒙古自治区	1	14	20
广东省	湖北省	1	7	12
广东省	辽宁省	1	5	8
广东省	广东省	1	6.5	8
浙江省	江西省	1	15	30
上海市	江西省	1	15	—
四川省	湖北省	1	8	8
总计	—	22	211.2	265

资料来源：《陶城报》，2008 年第 1 期。

根据上述分析，我们可以看到，我国陶瓷产业在进行战略转移时遵循了以下五项基本原则：

（1）由资源相对匮乏地区向资源丰富地区转移，大幅度降低原材料成本。

（2）由能源相对缺乏地区向能源富足地区转移，有利于削减能源消耗总成本。

（3）由交通不发达地区向交通便捷地区转移，具有区位优势，有益于陶瓷制品的运输及出口，有效降低运输成本。

（4）由市场已经趋于饱和地区向市场处于干瘪状态的地区转移，市场需求增加，增加销售量，获得更多的销售收入。

（5）由居民平均消费水平低的地区向居民消费水平处于

持续增长的地区转移，居民消费水平提高，提升其购买力，刺激消费需求增加。

二、我国陶瓷产业的技术与效率分析

（一）技术能力分析

在生产技术方面，中国陶瓷的生产模式逐渐由传统的手工生产方式向工业化生产模式演变，陶瓷生产技术得到了飞速提升，陶瓷产品实现了从粗糙到精致、从单色系到多色系、从品种单一到品种繁多的转变，陶瓷生产技术逐渐走向成熟。20 世纪 80 年代初，我国只能生产粗糙的马赛克瓷砖，马赛克瓷砖系列在当时虽然非常流行，但是因为其拼接缝隙较大，再加上不易清洁，所以实用性并不强，尤其是用来装饰类似厨房这样的空间。现在，我国可以生产经过多次烧制成的釉面砖，瓷砖图案丰富，防污能力较强；还可以生产出耐磨防滑的通体砖、表面光亮的抛光砖、质地坚硬的玻化砖以及抗压能力强的马赛克瓷砖，等等。我国生产出的瓷砖不仅种类丰富，而且具有多种规格可供顾客挑选，陶瓷抛光技术已经走在世界前列。

随着我国陶瓷生产技术的不断发展与进步，生产陶瓷所需要的机器设备也发生了新的变化。从原材料制备—陶瓷制品成型—陶瓷制品烧制—冷却加工—上釉—分拣包装等机器设备，无论从产品的种类或质量，还是技术含量，我国陶瓷生产机器设备都已经名列世界前列。2009 年杭州诺贝尔陶瓷集团重金引进了第一台喷墨机，这种喷墨机具有转产速度快且转换成本低的特点，使得厂家可以自由地变换花色，提高了瓷砖产品的装饰功能。截至 2014 年，短短 5 年时间，我国的陶瓷喷墨技术从最初的不被看好完成了今天的“井喷期”，现今中国的陶瓷喷墨打印机在线数量已经超过 2000 台，喷墨打印机的广泛使用加快了中国陶瓷市场的发展。此外，在陶瓷生产原材料制备工艺方面，我国进行了新的探索并取得了可喜的结果。例如，采用间歇式球磨机与连续式球磨机相结合的方式进行原材料的制备适用于所有的陶瓷原材料加工，并且可以节省一部分电力成本和人力成本；又如，在陶瓷窑体结构的建筑方面，我国采用宽体窑可以起到节能降耗的作用。由此可见，中国陶瓷产业的生产设备已经初步实现了机械化和自动化。

不容忽视的是，虽然我国陶瓷产业在生产技术和生产设备方面都有较快的提高，但是与国外陶瓷生产技术相比仍然存在一定的差距，我国在陶瓷产业实现清洁生产与可持续发展方面仍有革新的必要。

（二）生产效率分析

描述一个产业的生产效率，可以通过产量和生产技术的变革角度加以分析：从古至今，我国陶瓷产业的生产模式发生了巨大的改变，自从引进了陶瓷生产设备，传统的手工生产模式逐步退出，取而代之的是陶瓷的机械自动化生产模式，这一举措令我国陶瓷产业的生产效率提高了10倍以上。中国陶瓷协会相关数据显示：2008年中国瓷砖总产量达到了57.55亿平方米，人均产量在世界排名第三位；2009年，中国陶瓷产能继续扩大，产量进一步增长，其中，日用陶瓷产量超过150.08亿件，同比增长超过23.23%；卫生陶瓷产量超过1.45亿件，同比增长超过16.69%；墙地砖产量达到53.79亿平方米，同比增长15.41%以上。此外，由于中国房地产行业的持续升温，拉动了中国建筑陶瓷的需求，我国建筑陶瓷年产量多年居世界首位。截至2014年，我国建筑陶瓷的生产线已经超过2000条，极大地促进了我国陶瓷的生产效率。[①]

三、我国陶瓷产业发展中存在的问题

（一）资源与能源有限性的约束

中国陶瓷产业具有高能耗的显著特征，即中国陶瓷产业在生产过程中需要消耗大量的能源和资源。但是，要继续深

① 数据来源于中国产业信息网（http：//www.chyxx.com）。

入发展中国的陶瓷产业，不得不正视中国的一个基本国情，即中国是一个资源贫瘠和能源匮乏的发展中国家。

陶瓷制品生产所用到的原材料主要是矿石资源，表3－3精准描述了我国2009～2013年的主要矿产基础存储量，正如表中数据所示，我国各项能源的基础储存量都不富足，并且每年被大量消耗，存储量逐年减少，前景堪忧。表中所列的各项能源中，高岭土是陶瓷产品生产需要的重要原材料，要特别注意表中最后一项，即高岭土的储存量，2009年，我国高岭土的存储量为63593.1万吨，2011年其储存量下降到37764.6万吨，2013年存储量有小幅度上升，到了49649.7万吨，但是仍然处于较低水平，再加上一直以来我国陶瓷的生产效率处于较低水平上，资源浪费现象严重，所以资源的有限性约束必定会阻碍陶瓷产业的发展。

表3－3　2009～2013年中国主要矿产基础储存量一览表

指标＼年份	2009	2010	2011	2012	2013
石油储量（万吨）	294919.80	317435.30	323967.90	333258.30	336732.80
天然气储量（亿立方米）	37074.20	37793.20	40206.40	43789.90	46428.80
煤炭储量（亿吨）	3189.60	2793.90	2157.90	2298.90	2362.90
铁矿储量（亿吨）	213.00	222.30	192.80	194.80	199.20
锰矿储量（万吨）	18576.60	19515.60	18240.90	20938.20	21547.70
铬矿储量（万吨）	522.50	442.10	413.30	405.00	401.50
钒矿储量（万吨）	1258.90	1242.60	1230.60	877.50	909.90
原生钛铁矿储量（万吨）	23291.40	23043.00	24585.40	21088.20	21957.0
铜矿储量（万吨）	2951.00	2870.70	2812.40	2734.40	2751.50

续表

指标＼年份	2009	2010	2011	2012	2013
铅矿储量（万吨）	1340.10	1272.00	1291.70	1454.70	1577.90
锌矿储量（万吨）	3838.50	3251.40	3124.40	3490.70	3766.20
铝土矿储量（万吨）	83923.90	89732.70	105064.30	90590.00	98323.50
镍矿储量（万吨）	281.80	312.10	272.00	260.90	253.50
钨矿储量（万吨）	228.70	220.80	156.70	233.80	234.90
锡矿储量（万吨）	143.50	138.20	138.80	117.50	116.50
钼矿储量（万吨）	444.80	463.00	586.10	651.40	806.70
锑矿储量（万吨）	76.50	71.00	55.80	45.00	46.00
金矿储量（吨）	1909.70	1863.40	1790.40	1866.70	1865.50
银矿储量（吨）	38448.50	36363.70	36042.20	37034.40	37496.00
稀土矿储量（万吨）	1859.10	—	—	—	—
菱镁矿储量（万吨）	207981.80	182936.80	185163.40	156499.30	120747.50
普通萤石储量（万吨）	4401.30	4055.90	3547.20	3712.60	3680.30
硫铁矿储量（万吨）	162133.40	159152.10	136900.60	134285.40	130194.10
磷矿储量（亿吨）	31.70	29.60	28.90	30.70	30.20
钾盐储量（万吨）	35840.90	43885.60	60800.00	57774.80	53491.60
盐矿储量（亿吨）	1730.60	1750.70	2053.00	2070.30	830.20
芒硝储量（亿吨）	90.80	91.10	94.20	92.80	52.10
重晶石储量（万吨）	9537.20	9498.60	4194.80	3585.60	3986.10
玻璃硅质原料储量（万吨）	147172.90	146170.50	161192.40	198929.90	191594.10
石墨储量（万吨）	5432.00	5412.30	6229.90	4879.40	5347.70
滑石储量（万吨）	12755.60	12594.20	11808.50	9211.70	9273.90
高岭土储量（万吨）	63593.10	63933.20	37764.60	38143.50	49649.70

资料来源：国家统计局。

陶瓷生产过程中需要用到的能源主要是电力能源或煤炭能源，电力能源和煤炭能源的利用主要发生在陶瓷制品的烧制环节，表3－4描述的是我国2009～2013年的能源生产总量，表3－5是对我国2009～2013年的能源消费总量的描绘，从表3－4中的数据我们可以看出，2009～2013年，无论是我国的电力能源的生产总量，还是我国的煤炭能源生产总量，均呈现逐年上升趋势，其中，电力能源生产总量从2009年的23891.85万吨标准煤增加到2013年的37060万吨标准煤，原煤总量从2009年的212280.49万吨标准煤增加到2013年的257040万吨标准煤。但是，在我国能源生产总量逐年增长的同时，我国能源的消费总量也在逐年增加（如表3－5中的数据所示）。2009～2013年，我国的原煤能源消费总量从215879.49万吨标准煤增加到247500万吨标准煤；电力能源消费总量从37032.14亿千瓦时上升到54203.41亿千瓦时。对比表3－4和表3－5中的数据可以看到，我国每年生产的能源（电力能源和原煤能源等）仅能勉强满足当年使用，即我国的能源也是有限的，而陶瓷生产需要消耗大量的能源（尤其是电力能源和原煤能源），因此，能源有限性的约束势必成为我国陶瓷产业继续发展的绊脚石。

表3－4　2009～2013年中国能源生产总量一览表

指标＼年份	2009	2010	2011	2012	2013
能源生产总量（万吨标准煤）	274619.00	296916.00	317987.00	331848.00	340000.00
原煤生产总量（万吨标准煤）	212280.49	227437.66	247393.89	253863.72	257040.00
原油生产总量（万吨标准煤）	27187.28	29097.77	28936.82	29534.47	30260.00

续表

指标＼年份	2009	2010	2011	2012	2013
天然气生产总量（万吨标准煤）	11259.38	12470.47	13673.44	14269.46	15640.00
水电、核电、风电生产总量（万吨标准煤）	23891.85	27910.10	27982.86	34180.34	37060.00
焦炭生产量（万吨）	34244.05	36457.83	40933.00	44323.20	48347.80
原油生产量（万吨）	18949.00	20301.40	20287.60	20700.00	20991.90
汽油生产量（万吨）	7320.66	7360.47	7917.90	8975.60	9834.04
煤油生产量（万吨）	1480.30	1924.39	1932.40	2131.40	2523.90
柴油生产量（万吨）	14288.57	14924.38	15689.70	17063.70	17275.70
燃料油生产量（万吨）	1353.36	2536.97	2301.80	1929.10	2775.90
天然气生产量（亿立方米）	852.69	948.48	1026.90	1072.20	1208.60
发电量（亿千瓦时）	37146.50	42071.60	47130.20	49377.70	54316.40
水力发电量（亿千瓦时）	6156.40	7221.72	6989.50	8608.50	9202.90
火力发电量（亿千瓦时）	29827.80	33319.28	38337.00	38554.50	17516.89

资料来源：国家统计局。

表 3-5　2009～2013 年中国能源消耗总量一览表

指标＼年份	2009	2010	2011	2012	2013
能源消费总量（万吨标准煤）	306647.00	324939.00	348002.00	361732.01	375000.00
原煤消费总量（万吨标准煤）	215879.49	220958.52	238033.37	240913.51	247500.00
石油消费总量（万吨标准煤）	54889.81	61738.41	64728.37	68005.62	69000.00
天然气消费总量（万吨标准煤）	11959.23	14297.32	17400.10	18810.06	21750.00
水电、核电、风电消费总量（万吨标准煤）	23918.47	27944.75	27840.16	34002.81	36750.00
煤炭消费量（万吨）	295833.08	312236.50	342950.24	352647.07	424425.94
焦炭消费量（万吨）	31849.97	33687.80	38163.27	39373.04	45851.87

续表

指标 \ 年份	2009	2010	2011	2012	2013
原油消费量（万吨）	38128. 59	42874. 55	43965. 84	46678. 92	48652. 15
汽油消费量（万吨）	6172. 69	6886. 21	7395. 95	8140. 90	9366. 35
煤油消费量（万吨）	1439. 41	1744. 07	1816. 72	1956. 60	2164. 07
柴油消费量（万吨）	13756. 64	14633. 80	15635. 11	16966. 05	17150. 65
燃料油消费量（万吨）	2827. 80	3758. 02	3662. 80	3683. 29	3953. 97
天然气消费量（亿立方米）	895. 20	1069. 41	1305. 30	1463. 00	1705. 37
电力消费量（亿千瓦时）	37032. 14	41934. 49	47000. 88	49762. 64	54203. 41

资料来源：国家统计局。

（二）污染问题严重

中国陶瓷产业高消耗的特点注定了陶瓷产品在生产过程中会对环境产生污染，所以高污染也是我国陶瓷产业的一个重要特征。从我国陶瓷产业分布现状来看，我国陶瓷生产企业大部分位于城市郊区，污染物排放量大，污染面积较广。

按照陶瓷产业产生的污染物形态进行分类，我国陶瓷产业产生的污染物具体可以分为固体污染物、液体污染物和气体污染物。每一种类别的污染物具体表述如下：

1. 固体污染物

我国陶瓷在全部生产过程中每年产生的固体污染物大约在1000万吨以上，固体废弃物的生成不仅会挤占大量土地，而且长久搁置还会进一步产生粉尘等污染，不利于陶瓷产业的可持续发展。我国陶瓷产业主要产生的固体污染物有废品、废渣和粉尘三种。

（1）废品。正如其他产品生产企业一样，陶瓷产品生产全过程，并不能保证生产出来的每一件陶瓷制品质量都合格，质量不合格的陶瓷制品无法通过售出获得利益，即称为废品。按照产生废品的生产工序不同，我们可以将陶瓷废品分为生坯废品、烧成废品和上釉废品三种。其中，生坯废品是指陶瓷产品在产品成型、干燥以及上釉搬运过程中出现破损而导致陶瓷制品质量不合格而形成的陶瓷废品，生坯废品形成的废料是可以回收再利用的；烧成废品是指经过窑炉烧制后检验不合格的陶瓷制品，由于烧制过程中已经改变其内部结构，所以很难再回收利用；上釉废品是指陶瓷制品在上釉过程中造成无法弥补的上釉错误而产生的废品，这些废品不能被企业回收利用。

（2）废渣。陶瓷产业产生的废渣污染物来自以下两个方面：一是指在陶瓷抛光过程中产生的废渣，这类废渣主要是由玻化瓷表面和特种瓷表面及接口的抛光冷却水所形成，废渣中含有碳化硅、碱金属化合物和可溶性盐类，本企业很难消化处理；二是在废水的净化过程中产生的废渣，这类废渣中不含釉的部分可以混入原料，进行再次利用，但含釉的部分就很难再被利用了。

（3）粉尘。在陶瓷生产过程中，可能会产生粉尘污染的工序有以下四道，即原材料破碎、制粉、成型和运输环节。陶瓷生产的原材料体积一般较大，需要采用一些手段将其破碎并碾磨成粉状，在此过程中就会有大量的粉末状颗粒“飞出”，在空气中以细小的颗粒状悬浮，即形成粉尘污染；成型工序中的粉尘污染主要来自陶瓷制品的烧制过程，烧制过程中的温度比较高，很多细小颗粒会直接随着烟气飞到空气中形成粉尘污染；由于陶瓷产品均属于易碎品，运输环节可能会使陶瓷制品发生损坏，加上运输速度一般较快，所以破碎的陶瓷产品形成的粉末就会飘到空气中污染空气。据考究，粉尘中含有多种有害物质，其中游离的二氧化硅对人体的伤害最大，人类吸入二氧化硅会造成肺部损伤。资料显示，我国陶瓷产业产生的二氧化硅产量已经远远超过了国家规定的标准。

2. 液体污染物

陶瓷生产过程中产生的液体污染物主要是指在陶瓷生产原料制备釉料工序、设备和地面冲洗过程中产生的废水窑炉冷却水。原材料精制过程中产生的压滤水中含有的污染物主要是悬浮颗粒；抛光过程中产生的废水中主要含有粉末、抛光剂和研磨剂等；设备和车间冲洗过程中产生的废水中成分比较复杂，主要含硅质悬浮颗粒、矿物悬浮颗粒、化工原料悬浮颗粒以及铅、镉、铁等重金属。由于我国对这些废水的处理工作不充分，所以废水未能及时得到处理而流向周围环境中，造成了严重的环境污染，影响周围居民的身心健康。

3. 气体污染物

我国陶瓷产业产生的气体污染物主要来自陶瓷制品烧制过程和干燥过程。由于在陶瓷制品的烧制工序和干燥工序中温度很高，会产生许多烟气，这些烟气中含有一氧化氮、二氧化硫以及一些氮氧化物、氟化物等有害物质，随着陶瓷产量的增加，这些废气的排放量也被不断放大，给环境造成了严重的污染，人类也会由于吸入这些有害气体而损害身体健康。

近年来，中国的工业经济不断进步、不断发展，但与此同时也给环境造成了沉重的负担。为改善工业经济的发展带来的环境污染和工业污染问题，我国投入了大量的资金进行污染治理，2009～2013 年，我国对环境污染和工业污染治理的投资资金逐年增加（见表 3－6 和表 3－7），对污染问题的处理已经成为我国迫不及待要解决的重要问题，而现阶段我国陶瓷产业又是高污染产业，这势必会阻碍陶瓷产业的可持续发展。

表 3－6　2009～2013 年中国环境污染治理投资额一览表

指标＼年份	2013	2012	2011	2010	2009
环境污染治理投资总额（亿元）	9516.50	8253.46	7114.03	7612.19	5258.39
城市环境基础设施建设投资额(亿元)	5222.99	5062.65	4557.23	5182.21	3245.06
城市燃气建设投资额（亿元）	607.90	551.81	444.09	357.93	219.20
城市集中供热建设投资额（亿元）	819.48	798.07	593.34	557.47	441.52
城市排水建设投资额（亿元）	1055.00	934.08	971.63	1172.69	1035.54

续表

指标＼年份	2013	2012	2011	2010	2009
城市园林绿化建设投资额（亿元）	2234.86	2380.04	1991.94	2670.60	1137.64
城市市容环境卫生建设投资额(亿元)	505.75	398.64	556.23	423.52	411.15
工业污染源治理投资额（万元）	8676646.57	5004572.67	4443610.10	3969768.20	4426206.90
建设项目“三同时”环保投资额（亿元）	3425.84	2690.35	2112.40	2033.00	1570.70

资料来源：国家统计局。

表3－7　2009～2013年中国工业污染治理投资额一览表

指标＼年份	2013	2012	2011	2010	2009
工业污染治理完成投资（万元）	8676647	5004573	4443610	3969768	4426207
治理废水项目完成投资（万元）	1248822	1403448	1577471	1295519	1494606
治理废气项目完成投资（万元）	6409109	2577139	2116811	1881883	2324616
治理固体废弃物项目完成投资（万元）	140480	247499	313875	142692	218536
治理噪声项目完成投资（万元）	17628	11627	21623	14193	14100
治理其他项目完成投资（万元）	860608	764860	413831	620021	374349
工业污染治理本年竣工项目数（个）	—	—	7005	5866	8236

资料来源：国家统计局。

（三）专业技术型人才缺乏

我国是陶瓷生产大国，每年的陶瓷产量和陶瓷出口量都居于世界前列，但是令人不解的是我国从事陶瓷行业的人员却很稀缺，尤其是陶瓷生产普通一线工人和专业技术型人才，即我国陶瓷企业出现了人力资源配置不合理的问题，而且，我国真正懂得陶瓷制造的人才屈指可数，高端技术人才的缺少势必会阻碍我国陶瓷产业的深入发展，影响我国陶瓷产业的自主创新能力。此外我国针对陶瓷制作方面的培训系统也不完善，无法为陶瓷产业的发展注入新鲜血液，输出高端技术人才。

我国陶瓷产业缺少高端技术型人才与我国陶瓷专业院校稀少有着密切的关系。在我国，设置陶瓷相关专业的院校只有景德镇陶瓷大学、许昌陶瓷职业学院、广东陶瓷职业技术学院以及江西陶瓷工艺美术职业技术学院等几所院校，且这些院校多为职业型院校，而非本科以上院校，这些院校培养出的陶瓷专业人员还远远不能满足我国不断扩大的陶瓷市场对人才的需求，这说明我国对于陶瓷专业人才的培养还不够重视。

（四）创新能力低

中国的陶瓷产业取得了迅猛的发展，但是由于过快的发展速度，许多之前没有显现的问题开始逐渐“浮出水面”，这些问题主要体现在产品方面，涉及产品的设计和研发过程。由于缺少专业型技术人才，我国陶瓷产品的设计单一，产品研发能力低下，市面上待出售的多款陶瓷产品大都是同款同质的商品，缺少创新型产品，无法满足精神追求越来越高的顾客需求，严重缩短了产品的生命周期，降低了陶瓷企业的利润率。

我国陶瓷企业的自主创新能力较差，其中一个主要的原因是我国的陶瓷专业人才稀少，缺乏创造能力，无法提高陶瓷产品的附加值，为陶瓷企业带来更多的收益。所以，陶瓷产业要想实现可持续发展，储备陶瓷专业高技术人才，提高企业自身的自主创新能力是陶瓷企业在未来规划中需要格外重视的问题。

(五) 知识产权保护意识弱

我国陶瓷产业知识产权侵权问题日益突出且愈演愈烈。2013 年“五一”前夕，佛山及肇庆两市公安局联合出击，一举查封了位于肇庆市鼎湖区的一家“山寨”陶瓷制品店。生产仿冒陶瓷产品已经是司空见惯的事情，不少人都在做这件事。但是，当陶瓷企业的知识产权受到侵害的时候，不少企业都选择了“大事化小，小事化了”的处理方式，其原因在于陶瓷产业知识产权被侵犯往往与陶瓷企业内部人员有关，难以查出主要责任人。随着陶瓷仿冒产品在市场上的出现，很多经销商将真品和仿冒品掺杂在一起销售，从中获得更多的利益。陶瓷仿冒品的肆意大量入市，必将对陶瓷正品产生影响，阻碍正规陶瓷企业的发展与进步。再加上，我国陶瓷企业知识产权意识薄弱，并未申请知识产权专利，发生侵权纠纷时迟迟难以解决，最后不了了之，无奈只能眼睁睁地看着自己的产品被仿冒的现象频繁发生，我国陶瓷企业的生存面临着严峻的考验。

第四章　我国陶瓷产业生态化指标评价体系的构建

根据第三章对我国陶瓷产业的发展现状分析以及对陶瓷产业在现阶段发展过程中存在的主要问题的分析，我们发现，我国陶瓷产业面临的资源与能源利用率低以及引发的污染问题严重这两个主要问题与其实行生态化发展密切相关，即我国陶瓷产业要实现生态化发展，就必须首先解决其高能耗、高污染的问题。为了解决我国陶瓷产业面临的高能耗、高污染问题，本章在第三章的基础上，通过对我国陶瓷企业陶瓷生产各个环节的剖析，发现污染产生的来源环节，构建生态化评价指标体系，利用该评价体系对我国陶瓷产业的污染情况进行了实证测算，直观地给出了我国陶瓷产业污染现状，根据测算结果提出了相应的改进建议。

一、陶瓷的主要生产环节

随着我国陶瓷产业的迅速崛起，陶瓷市场上开始出现各式各样的陶瓷制品，令人赏心悦目。陶瓷制品虽然在原材料选择、制作工艺等方面大同小异，但却在现实应用方面具有较大差别，所以很难将琳琅满目的陶瓷产品分门别类。通常来讲，根据陶瓷产品的主要用途，陶瓷产品可以分为日用陶瓷、艺术陶瓷与工业陶瓷三种。其中，日用陶瓷在日常生活中随处可见，像餐具、茶具、酒具等产品；艺术陶瓷主要用于欣赏，具有一定的收藏价值和投资价值，而工业陶瓷则是在工业生产过程中需要的辅助产品，如生产中需要的容器等。

陶瓷产品种类繁多，制作过程也大同小异，但是，无论是哪种陶瓷制品，其生产过程一般都要经过七道主要工序，图4-1为陶瓷产品生产过程的流程图。

（一）设计

房地产开发商在建筑楼房之前需要设计出建筑图纸对整个楼盘进行具体的规划；同样地，生产陶瓷产品之前，我们也需要先对陶瓷产品的外形、花色等各方面进行详细的设计。陶瓷产品的设计通常是根据陶瓷产品的具体用途而进行

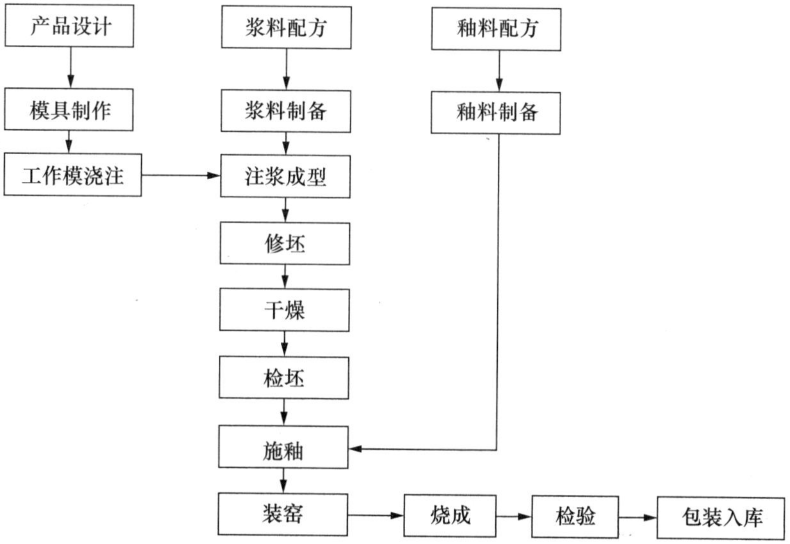

图4-1　陶瓷产品生产过程流程图

的，如设计陶瓷瓷砖时，要考虑所生产的瓷砖适合贴在哪种空间的表面上，是生产抛光砖、玻化砖，还是生产釉面砖、通体砖，或是仿古砖，不同种类的瓷砖性能不同、用途也不同。除此之外，有些陶瓷产品在设计阶段要充分考虑到美观概念，如陶瓷艺术品、餐具等陶瓷产品的设计，对其形状、花色、图案等方面都要给人以美的享受。

陶瓷产品设计完成后，要根据设计好的陶瓷产品图纸，相应制作陶瓷生产中要使用的陶瓷产品模具。电器陶瓷设备一般选择结构件陶瓷模具和电子陶瓷模具，而工艺陶瓷一般选择木制陶瓷模具。

（二）生产准备

陶瓷产品生产的准备阶段包括浆料配制和釉料调配两个

方面，具体如下所述：

浆料配制是指将生产陶瓷产品所需要的原材料按照不同的比例进行混合—搅拌—溶解—过滤—搅拌—过滤等一系列过程而形成的陶瓷泥。这一过程称为炼泥过程，其目的是为了将陶瓷泥炼到具有合适的可塑性，为陶瓷产品的成功制作奠定物质基础。

釉料是指覆盖在陶瓷产品表面的五色或有色的玻璃质薄层，通常使用矿物原料和化工原料按照一定的比例混合研磨后制浆而成，其中矿物原料主要有长石、石英、滑石和高岭土等。釉料不仅能够增加陶瓷产品的机械强度、热稳定性和电介强度，还能起到美化防尘的作用。釉料的种类有很多，包括透明釉、乳浊釉、有光釉和无光釉等，在配制釉料时，要根据之前的陶瓷产品设计情况而决定。

（三）坯体制作

将配制好的陶瓷泥浆缓慢注入陶瓷生产模具内，注浆时间一般需要 4 ~ 8 天。完成注浆后，要将注满陶瓷泥浆的模具干燥 1 ~ 2 天，等到陶瓷泥浆成型后，对其进行脱坯操作。脱坯完成后，要对所有陶瓷坯体是否合格进行检查，对于不合乎规格的陶瓷坯体，能够修补的要进行人工修理，无法补救的则作为废料处理（一般可回收再次利用）。

检坯和修坯工作完成后，要对未完全干燥的陶瓷坯体进行进一步的干燥，干燥时通常选择自然风干法，干燥过程要受到环境温度的影响，所以干燥周期也不同，需要7 ~ 10天。

（四）施釉

陶瓷产品的施釉工序是指将一定深度的釉浆喷到生坯表面的过程。经过干燥的陶瓷生坯会快速地吸收湿釉中的水分而形成一层较硬的表层，使得陶瓷产品在烧制后表面形成约400微米厚度的釉层，这层釉层即可以美化陶瓷产品，又可以起到保护陶瓷产品的作用。

陶瓷产品的施釉方法主要有浸釉法、浇釉法、喷釉法和刷釉法四种。浸釉法是指将干燥后的陶瓷坯体在配制好的釉料中浸泡一定时间后取出的施釉方法，此方法是利用干燥的陶瓷坯的强吸水性时釉附着于坯体表面上，主要用于厚胎坯体和杯碗类陶瓷制品外表面的施釉。浇釉法是指将坯件放到旋转的机轮上，将釉料倒入坯件中心，借助机轮旋转的离心力将釉料均匀撒到坯体上，多余的釉料将飞出坯体外。喷釉法是指利用喷釉机器将釉料喷到坯体表面的施釉方法，适用于大型陶瓷产品及形体复杂或薄胎等陶瓷产品的施釉。刷釉法是指用毛笔等工具将釉料涂在陶瓷坯体表面的施釉方法，此方法只适用于上着色釉或同一陶瓷产品需要施两种以上色釉的情况下使用。

（五）烧成

陶瓷产品的烧成工序是指将完成施釉过程的陶瓷生坯置于高温特定条件下进行热加工使其发生物理化学反应，最终形成具有固定形状和特定性能的完整陶瓷制品的过程。现在，大批量陶瓷制品的烧成通常使用的是煤气窑，只有少量艺术陶瓷的烧成沿用柴窑形式。陶瓷制品的烧成过程一般需要大概 2 天时间。

（六）质检

对于已经完成烧成工序的陶瓷制品，在入库前需要对其进行产品质量检测，检验的方向主要是陶瓷制品外观是否有瑕疵以及产品是否漏气或漏水等。质量检测不合格的陶瓷制品，能够修复的要进行修复工作，不能修复的则作为废品损失列项。

（七）包装入库

质量检测合格的陶瓷制品要进行产品包装并入库操作，以供日后销售。

二、我国陶瓷产业的能耗与污染情况分析

（一）能耗情况分析

近年来，随着我国陶瓷产业的迅速发展，我国能源和资源的消耗速度也迅速加快。相关资料显示：我国陶瓷产业生产每年所消耗的原材料高岭土超过 1 亿吨，其中 90% 的原材料用于建筑陶瓷（主要为瓷砖）的生产。

表 4－1 描述了我国 2007 年陶瓷行业的宏观生产状况，

根据表中数据，我们可以估计出我国陶瓷产业每年消耗的能源和资源数量。考虑到陶瓷生产过程中的各种损耗，每生产1吨陶瓷大约需要1.74吨原材料（即陶瓷产业的资源转换率约为57.47%），所以生产9025万吨陶瓷就需要1.57亿吨（1.74×9025万吨）原材料的消耗，也就是说为了满足我国陶瓷产业的生产，我国每年都需要消耗一座大山。此外，再加上窑具和石膏的消耗，陶瓷产业的原料耗用数量要远超过我们所估计的数量。从能源消耗的角度来看，每生产1吨陶瓷大约需要0.45吨的标准煤，那么生产9025万吨的陶瓷就需要4061万吨（0.45×9025万吨）标准煤①。

表4-1　2007年我国陶瓷行业生产量一览表

陶瓷种类	总产量	出口量
日用陶瓷（万件）	1400000	288
建筑陶瓷（亿平方米）	60.00	5.44
艺术陶瓷（亿件）	59.44	24.99
合计总产量（万吨）	9025	1471

资料来源：中国陶瓷工业协会网站。

众所周知，陶瓷产业属于高能耗产业，而且陶瓷生产所用的原材料都是不可再生型资源，长期持续下去，中国的资源现状远远无法满足陶瓷产业的生产，所以，提高生产技术，提高资源利用率，实现陶瓷产业的生态化发展是我国陶瓷产业急需解决的问题。

① 数据来源于中国陶瓷工业协会网站（http：//www.ccianet.cn）。

（二）污染物排放情况

根据前文数据可以看出：2007 年，我国陶瓷产业消耗的资源约为 1.57 亿吨，需消耗的标准煤约为 4061 万吨。估算结果显示，2007 年，我国陶瓷产业排放的污染物合计约为 1230.10 万吨，其中，二氧化硫污染物约为 7.91 万吨，产生的粉尘和烟尘污染物约为 1126.93 万吨，氮氧化物约为 89.24 万吨，二氧化碳约为 6.02 万吨[①]。

传统的陶瓷产业属于高污染型产业，陶瓷的大量生产已经对我国造成了严重的环境污染问题，在很大程度上危害了我国居民的身体健康。所以，加强对陶瓷产业产生污染的监控，降低陶瓷产业的污染程度，实现陶瓷产业的生态化发展已经是我国必须要解决的问题。

三、我国陶瓷产业生态化评价指标体系的构建

要实现对我国陶瓷产业生态化进程的实时监控，除了上述定性方式之外，我们可以建立一套陶瓷产业生态化评价体系，对我国陶瓷产业的生态化进行定量评价。使用正确的陶瓷产业生态化评价体系来评价我国陶瓷产业生态化的实践成

① 数据来源于中国陶瓷工业协会网站（http：//www.ccianet.cn）。

果，更加有利于我们准确地掌握我国陶瓷产业的生态化发展现状、资源和能源运用情况以及环境污染程度等方面的问题，对我国经济的发展具有一定的战略性意义。

（一）指标选取

在现有研究文献中，关于生态化指标评价体系的构建，主要集中于研究宏观产业、城市建设、生态文明、生态环境、林业等领域的生态化，很少有涉及陶瓷产业的生态化指标评价体系的研究，关于陶瓷产业生态化的研究仍停留在定性分析上。本书以王贵明和邓伟根（2012）在中国工业经济学会学术年会上提出的产业结构调整的生态化指标为基础，结合我国陶瓷产业的实际情况，提出了我国陶瓷产业的生态化指标体系。

在产业生态化理论的基础上，我们选择层次分析方法（即 AHP 分析方法）进行陶瓷产业生态化评价体系具体指标的选择工作。首先，根据我国陶瓷产业发展所面临的主要问题，即资源和能源利用率水平偏低、污染问题严重的发展现状，将陶瓷产业实行生态化发展的目标层划分为资源和能源的节约目标、资源循环利用程度度量指标、环境污染降低程度和陶瓷产业与社会经济发展四个维度；其次，针对每一个维度选择用一个或多个经济指标来测量。其中，资源和能源的节约目标的实现主要与资源和能源相关，我们采用能源的消耗弹性与资源开发是否符合国家要求来度量我国陶瓷产业资源和能源消耗的合理性；实现资源的循环利用主要是针对陶瓷在生产过程中产生的主要废弃物和排放的废水的重复利用问题，我们选择污水回收利用率、固体废弃物回收利用率两个指标进行测量；环境污染降低程度的测量主要涉及陶瓷生产过程中产生的有害物质包括固体的粉尘、气体的二氧化硫与氮氧化物、液体的废水等的测量，我们选择空气污染指数、废水排放量以及固体污染物排放量三个指标进行测量；实现陶瓷产业与社会经济的协同发展，主要考虑的是陶瓷产业生态化对于社会经济的贡献以及对环保工作的贡献，选择陶瓷产业投资回报率、陶瓷产业总收入增长率与环境保护投资率三个指标进行评价。综上所述，本书构建的陶瓷产业生态化指标体系如表4－2和图4－2所示。

表4－2　我国陶瓷产业生态化指标与指标定义

准则层	指标名称	计算	单位
节约资源与能源	能源消耗弹性	陶瓷产业能源消耗年增长率/GDP年增长率	%
	资源开发合理性	陶瓷生产原料的开发符合国家相关规划和要求	—
资源循环利用	污水回收利用率	污水回收年利用量/污水排放总量	%
	固体废弃物回收利用率	年度固体废弃物综合利用量/年度固体废弃物输出总量	%
降低环境污染	空气污染综合指数	主要空气污染物（二氧化硫、氮氧化物等）的浓度简化为单一概念指数的形式	—
	废水排放量	年度生产废水排放总量	吨
	固体污染物排放量	年度固体污染物（粉尘、颗粒悬着物等）的排放总量	吨
产业与社会经济发展	陶瓷产业投资回报率	年度利润总额/年度投资总额	%
	陶瓷产业总收入增长率	本年度与前一年度在总收入差额/前一年度收入总额	%
	环境保护投资率	年度环保投资额/年度GDP	%

（二）评价过程

如图4－2所示，我们已经构建出陶瓷产业生态化指标体系的层次结构模型，接下来我们将要运用构建的模型对陶瓷产业生态化发展水平进行定量分析。采用层次分析方法定量测量我国陶瓷产业生态化发展水平可以通过构造判断矩阵、计算相应权重的方式进行具体分析。

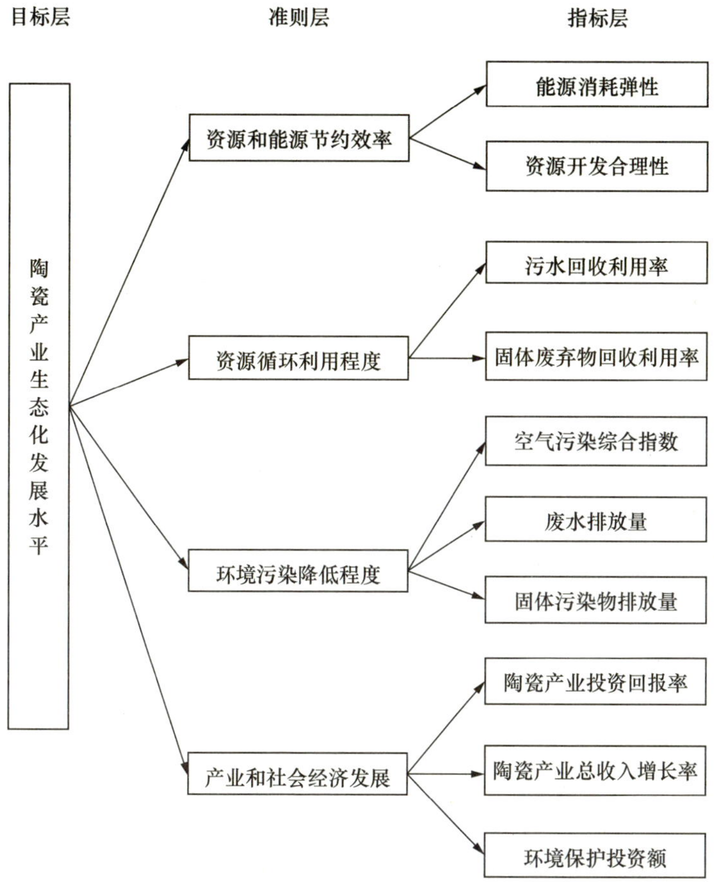

图4－2 陶瓷产业生态化指标体系层次结构模型

1. 构造判断矩阵

层次分析法主要是用每两个重要性程度之比的形式表示出两个方案的相应重要性程度等级。例如，对于某一准则，针对下面的各个方案进行两两对比，并按照其重要性程度进行评级，标记为第 a_2 因素和 a_2 因素的重要性之比，并在表4－3中顺序列出其相应的赋值。之后按照两两比较结果列为矩阵的形式，即为判断矩阵。比较的全部结果可以用判断矩阵 A 来表示，一般形式如下：

$$A=\begin{pmatrix} a_{22} & \cdots & a_{2n} \\ \vdots & \ddots & \vdots \\ a_{n2} & \cdots & a_{nn} \end{pmatrix}$$

式中，$a_{ij}>0$；$a_{ij}=(a_{ij})^{-2}$。

表4－3　重要性比较

因素	取值
同等重要	1
稍微重要	3
较强重要	5
强烈重要	7
极端重要	9
相邻判断中间值	2，4，6，8

2. 一致性检验

所谓一致性检验，即鉴别上述所构造的判断矩阵是否可以接受进行的检验。进行一致性检验时，我们要计算判断矩阵的最大特征值，然后对照平均随机一致性指标，根据判断定理进行检验。其计算公式如下：

$$\mu_{max} = \frac{2}{n}\sum_{i}^{n} = 2(pw)_i/w_i$$

（1）计算判断矩阵中最大特征根。

i = 1，2，…，n

（2）计算一致性指标值（CI）。

$$CI = \frac{\mu_{max} - n}{n - 1}$$

（3）查询平均随机一致性指标（RI），如表 4－4 所示。

表 4－4　随机一致性指标 RI

n	1	2	3	4	5	6	7	8	9
RI	0	0	0. 58	0. 90	1. 12	1. 24	1. 32	1. 41	1. 45

（4）计算一致性比例 CR。

CR = CI/RI

当 CR < 0. 1 时，则判断矩阵的一致性通过；当 CR > = 0. 1 时，则判断矩阵的一致性不能通过，此时需要调整判断矩阵，进行重新比较。

3. 权重计算

判断矩阵通过一致性检验后，可以求出判断矩阵最大特征值所对应的特征向量，然后归一化为权值，作为判断依据。具体计算方法如下：

（1）计算判断矩阵 A 中每一行的元素的乘积 M。

（2）计算 M 的几何平均值。

（3）计算每一指标相应的权重。

完成陶瓷产业生态化指标评价体系的构建，就可以运用相关的经济数据进行陶瓷产业生态化发展水平的评价，提高对我国陶瓷产业生态化水平的判别性。

基于我国陶瓷产业2006～2015年的年度数据，利用EXCEL统计软件，运用上述层次分析方法的评价过程对陶瓷产业的生态化发展水平进行测算，我们发现：

（1）检测资源和能源节约效率的重要指标为能源消耗弹性，其权重超过50%。

（2）检测资源循环利用程度的重要指标为污水回收利用率和固体废弃物回收利用率，两者权重之和约为75%。

（3）检测污染降低程度的重要指标为废水排放量和固体污染物排放量，两者权重相当。

（4）检测产业和社会经济发展的重要指标为陶瓷产业投资回报率，其权重超过30%。

四、我国陶瓷产业能耗与污染程度测算

考虑到陶瓷产业数据的较难获取性，针对陶瓷产业的定量分析，我们选择对陶瓷产业的资源和能源耗用情况以及产生的污染问题进行粗略的测量和计算，并运用我国陶瓷产业的相关数据[①]进行实证分析。

① 数据来源于中国陶瓷工业协会网站（http：//www.ccianet.cn）。

（一）研究变量选取

1. 被解释变量

被解释变量我们选择采用单位陶瓷产品含有的资源数量和能源数量来表示，代表每生产 1 吨陶瓷产业需要耗用多少数量的原料和能源。

2. 解释变量

（1）单位陶瓷产品生产耗用的原料数量：每生产 1 吨陶瓷产业需要耗用原材料的数量。

（2）单位陶瓷产品生产耗用的能源数量：每生产 1 吨陶瓷产业需要耗用能源的数量。

（3）单位陶瓷产品产生环境污染数量：每生产 1 吨陶瓷产业产生污染的数量。

研究变量定义如表 4－5 所示。

表 4－5　研究变量定义

变量	表示符号
被解释变量：单位陶瓷产品含有资源能源数量	Y
解释变量：单位陶瓷产品生产耗用的原料数量	X_2
单位陶瓷产品生产耗用的能源数量	X_2
单位陶瓷产品产生环境污染数量	X_2

（二）模型构建

根据上文对上市公司资本结构代理变量和资本结构影响因素指标变量的选择和界定，建立线性回归模型如下：

$Y = \alpha + \beta_2 X_2 + \beta_2 X_2 + \beta_2 X_2 + \varepsilon$

式中，Y 表示被解释变量单位陶瓷产品含有资源能源数量，X_2、X_2 和 X_2 分别代表解释变量单位陶瓷产品生产耗用的原料数量、单位陶瓷产品生产耗用的能源数量和单位陶瓷产品产生环境污染数量，α 和 β 为模型中的参数，ε 为随机干扰项。

（三）样本与数据

我们以我国陶瓷企业为研究样本，以 2006～2015 年为研究时间，相关数据均来源于中国陶瓷工业协会。

（四）回归结果分析

运用 Eviews7.2 统计分析软件对多元线性回归模型 4－1 进行回归分析，得到回归分析结果如表 4－6 所示。

表 4－6　回归分析结果一览表

变量/项目	Coffi.	Std.	p
X_1	1.7396	0.0421	0.1007
X_2	0.4499	0.0350	0.1013
X_3	0.1363	0.0454	0.1012
R^2	0.2123		
Adj. R^2	0.1723		
F	13.3075		
DW	1.9867		

观察表 4－6 中的回归分析结果，可以得出以下研究结论：

（1）我国陶瓷产业的年产量每增加 1 吨，就要多消耗原材料 1.7396 吨，即我国陶瓷产业的资源利用率约为 57.49%，所以，我国陶瓷产业的资源利用率处于较低的水平。

（2）我国陶瓷产业的年产量每增加 1 吨，就要多消耗能源 0.4499 吨，即我国陶瓷产业的能源转化率约为 44.99%，所以，我国陶瓷产业的能源转化率处于较低的水平上。

（3）我国陶瓷产业的年产量每增加 1 吨，就要多产生污染物 0.1363 吨，即我国陶瓷产业的发展对环境的破坏程度较大。

综上所述，我们可以看出：我国陶瓷产业属于高能耗、高污染型产业，陶瓷生产技术和生产设备都较落后，资源和能源的消耗数量持续上升，对自然生态环境和人类的身心健康造成了不可弥补的危害。因此，我国必须要积极改进陶瓷产业的生产现状，实现陶瓷产业的生态化发展。

五、我国陶瓷产业污染问题改善措施

陶瓷产品的制成需要经过多道生产工序，每一道生产工序都会产生一定的污染。为了更好地解决陶瓷生产产生的环境污染问题，下面对陶瓷生产过程中主要生产工序产生的污染进行详细的分析，以便找到污染的产生根源，从源头上降低甚至消除污染。

（一）陶瓷生产准备工序

陶瓷生产的准备工序包括陶瓷生产原料（即浆料）的制备和施釉材料釉料的制备两个部分。在浆料制备前，需要将陶瓷生产用原材料（主要为矿石资源）进行粉碎、筛分和制作工作，由于陶瓷生产所用的矿石原料中都含有游离的二氧化硅，所以原料制备过程中会有大量的二氧化硅释放到空气中，危害人类的身体健康。在釉料制备过程中，由于釉料中需要添加一些化学药品，由于化学药品具有可挥发性，挥发的化学药品就会弥散在空气中，危害人类的健康。此环节产生的污染物可以通过使用清洁生产原料和清洁生产方式来改善。

（二）陶瓷坯体制作工序

陶瓷坯体的制作工序产生的主要污染是固体废物污染，是指由于部分损坏坯体的不可修复性而形成的陶瓷废品。由于此环节产生的陶瓷坯体固体废物污染还没有进行上釉、烧制等环节的继续加工，所以此环节产生的固体废物污染一般可以进行回收继续利用。

（三）干燥生产工序

陶瓷产品在干燥过程中产生的污染主要是气体污染，产生的主要污染物有氮化物、二氧化硫、一氧化碳等有害气体。此环节产生的污染可以通过实施清洁生产模式来改善。

（四）烧制生产工序

陶瓷产品在烧制过程中产生的污染主要有废气污染、废水污染和固体废物污染。我国在陶瓷产品烧制过程中主要使用气体或煤炭燃料，产生的主要气体污染物有一氧化碳、二氧化碳、二氧化硫和粉尘等；烧制过程中产生的窑炉冷却水含有悬浮颗粒或泥渣等有害物质，而烧制过后不符合质检规格的陶瓷产品则形成了无法回收利用的固体废物污染。改进这一环节的措施主要有：采用清洁生产的生产模式、使用清洁原料以及建设高效的末端处理技术（见表4－7）。

表4－7　陶瓷产业污染问题分析及改进措施

主要污染物	产生环节	改进措施
废气污染	浆料和釉料的制备工序、烧制工序和干燥工序	使用清洁生产原料采用清洁生产模式
废水污染	浆料和釉料制备工序、车间冲洗水和窑炉冷却水	清洁生产生产方式和循环经济生产模式
固体污染	坯体制作工序、烧制工序和废水净化过程	清洁生产、使用清洁燃料和建设高效末端处理技术

第五章　我国陶瓷产业生态化发展的效果评价模型

第四章的实证研究结果表明，我国陶瓷产业的资源利用率与能源转换率均处于相对较低的水平，并且引发的污染问题比较严重，所以，我国陶瓷产业要实现可持续发展，必须改善现有的生产技术条件，走生态化发展道路。那么，我们不禁会问，陶瓷产业进行生态化发展是不是能够很好地改善我国陶瓷产业高消耗、高污染的现状呢？实现生态化发展的效果如何、能够为我国陶瓷产业带来哪些益处呢？基于上述问题，本章基于我国陶瓷产业的污染问题，首先提出利用BP神经网络模型对我国陶瓷产业的固体、气体以及液体三种污染物实行生态化之后的效果进行总体度量；其次针对陶瓷生产过程中产生的固体污染物和粉尘排放量，提出运用灰色预测模型和粉尘排放系数模型对生态化的效果进行分析；最后运用组合预测模型对我国陶瓷产业实现生态化之后的综合效益进行实证检验。为了验证模型的准确性和适用性，基于我国陶瓷企业的相关数据，对上述模型的适用性进行检验，结果证明上述模型可以作为市政检验陶瓷产业生态化效益的评估模型。这为直观地体现与陶瓷产业传统生产方式相比，生态化的发展模式对于陶瓷产业的发展更有利提供了可靠、具有说服力的证据支持。

一、模型构建

（一）BP 神经网络模型

为了更加准确地测算陶瓷产业产生的污染，可以使用 BP 神经网络基于误差反向传递算法（Back - Propagation），其网络拓扑结构如图 5 - 1 所示。

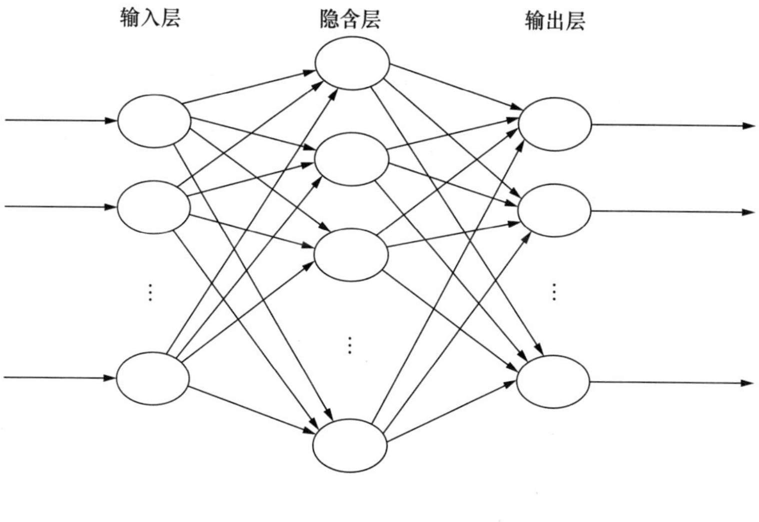

图 5 - 1　神经网络拓扑结构示意图

在 BP 神经网络的构建中，所选用的传递函数是反映下层输入对上层节点刺激脉冲强度的函数，一般取（0，1）内连续取值的 Sigmoid 函数：

$$f(x)=\frac{1}{(1+e^{-x})} \tag{5-1}$$

BP 网络的输入层一般没有阈值和激活函数，即输入层神经元的输出等于输入神经元的输入，而隐含层和输出层神经元的输出则须经过权重和阈值的处理。设网络具有层，设输入层为第 0 层，令 y_j^m 表示第 m 层中第 j 个节点的输出，而 y_j^0 就等于 x_j，即第 j 个输入，令 W_{ij}^m 表示从第 $m-1$ 层 i 节点到 m 层 j 节点的连接权，θ_j^m 表示第 m 层第 j 节点的阈值，BP 神经网络训练步骤如下：

（1）将各权值和阈值赋予随机数。

（2）从训练数据组中选一对数据（X^k，T^k），将输入变量加到输入层（$m=0$）使

$$y_j^0=X_i^k \text{（对所有点）} \tag{5-2}$$

式中，k 表示训练图形号，即训练模式的序号。

（3）信号通过网络向前传播，即利用关系式：

$$y_j^m = F(S_j^m) = F(\sum W_{ij}^m y_i^{m-1} + \theta_j^m) \tag{5-3}$$

计算从第 1 层开始的各层内每个节点 j 的输出 y_i^m，直至全部完毕。式中，F（x）取 Sigmiod 函数。

（4）计算输出层每个节点的误差变化率：

$$\delta_j^m = y_j^m(1-y_j^m)(T_j^k-y_j^m) \tag{5-4}$$

这个误差由实际输出值和目标要求值之差获得。

（5）计算前面各层每个节点的误差变化率：

$$\delta_j^{m-1} = F'(S_j^{m-1}) \sum W_{ij}^m \delta_j^m \tag{5-5}$$

由逐层反传误差算得（$m=m$，$m-1$，…，1）。

（6）反向逐层修正权值和阈值：

$$W_{ij}^m(t-1) = W_{ij}^m(t) + \eta\delta_j^m y_i^{m-1} + \alpha[W_{ij}^m(t) - W_{ij}^m(t-1)] \tag{5-6}$$

$$\theta_j^i(t+1) = \theta_j^i(t) + \eta\delta_j^m + \alpha[\theta_j^i(t) - \theta_j^i(t-1)] \tag{5-7}$$

式中：t 为迭代次数；η 为学习速率［$\eta \in (0, 1)$］；α 为动量因子［$\alpha \in (0, 1)$］。η 较大时，收敛快，但不稳定；η 较小时，收敛慢；α 正好与 η 相反。

（7）返回至步骤（2），转入下一个图形，重复步骤（2）～步骤（7），直至网络全局误差：

$$E = \sum_k \sum_j (T_j^k - y_j^m)^2/2 \tag{5-8}$$

E 达到预设的精度 E_0 为止，即 $E \leqslant E_0$。

神经网络训练好后，相应的网络结构和参数设置（权值和阈值等）就已确定，此时学习过程将自动结束，构建好的 BP 模型即可进行预报分析。

（二）灰色预测模型

陶瓷产业生产全过程中固体废弃物的排放水平可以用灰色预测模型来进行评估。其建模原理是：对数据的处理常常采用累加或累减生成方法，使无序数列转化为有序数据数列，使生成数据适合微分方程的建模。这种使系统信息由不确定到确定、由知之不多到知之甚多的过程，就是我们通常所说的使系统由“灰”变“白”。

灰色系统模型(GM)包含模型的变量维数m和阶数n，记作GM(n，m)，一般有一阶多维GM(1，m)和一维高阶GM(n，1)应用形式。高阶模型的计算复杂，精度也难以保障；同样多维模型在工业固体废物产生分析中的应用也不多见。普遍使用的是GM(1，1)模型，它是对既有已知参数，又有许多未知数和不确定参数的灰色系统进行预测的模型方式。

1. 建模步骤

灰色预测GM（1，1）模型的建立只需一个数列$X^{(0)}(t)$。

$$X^{(0)}(t)=\{X^{(0)}(1),\ X^{0}(2),\ \cdots,\ X^{(0)}(t)\}$$
$$(t=1,\ 2,\ \cdots,\ n)$$

对原始数据作一次累加生成（1-AGO），又生成数列$X^{1}(t)$：

$$\begin{aligned}X^{(1)}(t)&=\{X^{(1)}(1),\ X^{(1)}(2),\ \cdots,\ X^{1}(t)\}\\&=\{X^{(0)}(t),\ X^{(1)}(t)+X^{(0)}(2),\ \cdots,\\&\quad X^{(1)}(t-1)+X^{(0)}(t)\}\end{aligned}$$

$X^{(1)}(t)$可建立微分方程如下：

$$(dx^{1}/dt)+ax^{1}=u \qquad (5-9)$$

式中，a、u为待辨识参数。

这是一个一阶变量的微分方程模型，故记为GM（1，1）。

$$\hat{a} = \left| \frac{a}{u} \right| \tag{5-10}$$

式中，$\hat{a}$ 为参数列。

$$\hat{a}(B^T B)^{-1} B^T Y_N \tag{5-11}$$

式中，a、u 为通用参数。

$$B = \begin{vmatrix} -1/2[X^{(1)}(1) + X^{(1)}(2)] & 1 \\ -1/2[X^{(1)}(2) + X^{(1)}(3)] & 1 \\ \vdots & \\ -1/2[X^{(1)}(t-1) + X^{(1)}(t)] & 1 \end{vmatrix} \tag{5-12}$$

式中，B 为累加生成矩阵。

$$Y_N = [X^{(0)}(2), X^0(3), \cdots, X^0(t)]^T \tag{5-13}$$

式中，Y_N 为向量；T 为矩阵的转置。

微分方程的解为：

$$\hat{X}(t+1) = [X^0(1) - u/a]e^{-at} + u/a \tag{5-14}$$

灰色理论建立的不是原始数据模型，而是生成数据模型。因此灰色理论的预测数据，不是直接从生成模型得到的数据，而是还原后的数据。或者说通过生成数据的 GM 模型所得到的预测值必须作逆生成处理。因此，由式（5－14）模型得到的数据是累加生成数据，需要作 1－AGO 处理，即：

$$\hat{X}(t) = \hat{X}^{(1)}(t) - \hat{X}^{(1)}(t-1) \tag{5-15}$$

根据式（5－15），将累加预测序列作累减生成还原为非累加序列的预测值，再与原始值进行比较，对模型作残差检验。若精度不高，应作残差修正，建立残差预测模型，以提高模型的精度。

2. 精度检验

精度检验的目的是检验预测模型结果的准确性，其预测结果是否可以推广及应用于废物产生量和种类变化趋势的分析预测中。

灰色模型检验一般采用3种检验方式，即残差检验、关联度检验和后验差检验。本书采用残差检验方法：

$$\Delta(t) = X^{(0)}(t) - \hat{X}^{(0)}(t) \quad (5-16)$$

式中，$\Delta(t)$ 为绝对误差。

$$\delta(t) = \frac{-\Delta(t)}{X^{(0)}(t)} \times 100\% \quad (5-17)$$

式中，$\delta(t)$ 为残差；$X^0(t)$ 为实际值；$\hat{X}^{(0)}(t)$ 为模型预测值。一般要求 $\delta(t) < 20\%$。

（三）粉尘排放系数模型

粉尘排放评估可以采用粉尘排放系数方法，通过构建粉尘排放系数模型，建立粉尘排放与陶瓷产量的函数关系，估计出粉尘排放系数后，粉尘排放量的估计也就容易了。

粉尘排放系数的测算如下：

$$G_c = \frac{CQ(1-\mu)}{B} \times 10^{-8} \quad (5-18)$$

式中，G_c 为排放系数，单位为千克/吨原料；C 为各排尘设备原始排尘浓度，单位为克/立方米；μ 为除尘效率，单位为%；Q 为测定时系统的排风量，单位为立方米/小时；B 为测定时系统的产量，单位为吨/小时。

（四）组合预测模型

对于原料利用量的评估方法，可采用组合预测模型，在预测中，由于各种单项预测具有不稳定性、各种预测方法都存在时好时坏的特点，我们提出了组合预测的方法，通过结合历史预测数据与实际值，给定一个各种预测的最优权重组合，使得这些历史预测数据在加权之后，总误差最小。这种加权预测的方法，结合了大量的历史数据，使得预测结果呈现稳定的趋势，但由于历史数据太多，各种数据缺乏主次重要性，使得预测结果并不精确。因此，我们依据实际情况，确定出一个合适的呈平滑上升趋势的时间因子序列，在历史数据的误差中加上相应的时间因子使得近期数据的重要性增大，从而达到在保证稳定性的前提下，提高了组合预测的准确性。这样经过时间因子加权后确定的最优权重组合，更具有实际意义。

为了加强时间的连续性影响，削弱时间的滞后性影响，在误差平方和最小的基础上，加入了时间因子，使得根据误差平方和最小原理求出的预测值与真实值保持一致变化，求出下一时段的组合权重。根据预测量随时间变动的特点，以下引入时间因子的定义。

定义：时间因子定义：时间因子是反映不同时间数据对预测值影响程度的一种权重 $t=p,\ p+1,\ \cdots,\ n$。

性质：如果预测对象具有连续性，则时间因子 η_t 是关于 t 的递增函数或数列。结合实际情况，给出两个连续性时间因子序列，其具体构造过程如下：

（1）求各期适应度。

$$f_i = \frac{\dfrac{1}{\sum_{j=1}^{m}(y_i - y_{ij})^2}}{\sum_{i=p}^{n}\left[\dfrac{1}{\sum_{j=1}^{m}(y_i - y_{ij})^2}\right]} \tag{5-19}$$

作适应度的 x_0 序列：$x_0 =$ （f_p，f_{p+1}，…，f_n）

做 x_0 的累加序列得到连续性时间因子序列 x_1：$x_1 =$ （η_p，η_{p+1}，…，η_n）

其中：

$$h_p = \frac{f_p + f_{p+1}}{2}, h_t = f_p + \sum_{i=p+1}^{t} f_i (t = p+1, p+2, \cdots, n) \eta_t = \frac{h_t}{\sum_{t=p}^{n} h_t} (t = p, p+1, \cdots, n) \tag{5-20}$$

（2）通过 $n-p+1$ 个时段内的真实值和预测值的历史数据，预测第 $n+1$ 个时段的预测值，由远期到近期的权重依次为：

$$\eta_t = \frac{2t}{(p+n)(n-p+1)} t = p, \ p+1, \ \cdots, \ n \tag{5-21}$$

连续性时间因子的作用是提高近期数据的良好影响，削弱远期数据的滞后影响，对于组合预测模型来说，时间因子可以使近期预测效果好的单项预测模型的权系数自动适当放大，使得权系数的确定具有时变性，结合组合预测的方法进而提高预测的稳定性和精确度。

在具有时间因子的组合预测模型中，时间因子的设置可以提高近期数据对预测的影响，使预测容纳更多的隐含信息，可以提高预测的稳定性和精确性，使预测的结果更具有实际意义。

符号说明：

y_{ij}：表示第 j 种单项预测方法的预测值，$j=1, 2, \cdots, m$。

w_j：第 j 种预测方法的权重系数 $j=1, 2, \cdots, m$。

$a_{ij}=y_i-y_{ij}$：为在第 i 个时段第 j 种单项预测方法的单项预测误差。

$\hat{y}_i$：第 i 个时段的组合预测方法的预测值 $i=1, 2, \cdots, n$。

ε_i：第 i 个时段的组合预测方法的预测值与真实值的误差。

η_i：第 i 个时段的时间因子即第 i 个时段的组合预测方法的预测值与真实值的误差平方的系数。

模型建立：

第 i 个时段的组合预测方法的预测值：

$$\hat{y}_i = \sum_{j=1}^{m} w_j y_{ij} \tag{5-22}$$

第 i 个时段的组合预测方法的预测值的绝对误差：

$$\varepsilon_i = y_i - \hat{y}_i = y_i - \sum_{j=1}^{m} w_j y_{ij} \tag{5-23}$$

设 w_1，w_2，$\cdots$，w_m 分别为 m 种单项预测方法的加权系数，为了使组合预测保持无偏性，加权系数应满足

$$\sum_{j=1}^{m} w_j = 1 \quad o \leqslant w_j \leqslant 1 \tag{5-24}$$

时间因子对历史数据的影响，能够加强近期的数据的影响，削弱远期历史数据的滞后影响，并保持数据变化的连续性，从而对事物进行综合精确的预测。这能使预测值更有效地反映事物变化的规律。

具有时间因子的组合预测模型的数学模型：

$$\min J = \sum_{i=1}^{n} \eta_i \varepsilon_i^2 = \sum_{i=1}^{n} \eta_i \left[\sum_{j=1}^{m} w_j (y_i - y_{ij}) \right]^2 \quad (5-25)$$

$$\text{s. t.} \sum_{j=1}^{m} w_j j = 1, 2, \cdots, m \quad (5-26)$$

$$\sum_{i=1}^{n} \eta_i = 1 \quad i = 1, 2, \cdots, n \quad (5-27)$$

$$o \leqslant w_j \leqslant 1 \quad j = 1, 2, \cdots, m \quad (5-28)$$

$$o \leqslant \eta_i \leqslant 1 \quad i = 1, 2, \cdots, n \quad (5-29)$$

其中式（5－25）表示具有时间因子的组合预测的总误差平方和最小的目标函数；式（5－26）表示具有时间因子组合预测方法的单项预测模型的权系数和为1；式（5－27）表示具有时间因子组合预测方法的权系数和为1；式（5－28）表示具有时间因子组合预测方法的单项预测模型权系数在0到1之间；式（5－29）表示具有时间因子组合预测方法的时间因子在0到1之间。

（3）模型的遗传算法求解。遗传算法求解具有时间因子的组合权重系数的基本步骤如下：

Step 1：首先将组合权值 $1w_1$，w_2，…，w_{n-1} 各用8位二进制序列表示，得到长度为8（n－1）的二进制染色体序列，w_n 通过 $1-w_1-w_2-\cdots-w_{n-1}$ 来计算。初始化产生个体数为

30 的群体 pop。

Step 2：由于 Step1 中产生的群体，有一部分超出了约束范围，为了使所有个体满足约束条件，我们对群体中的所有染色体进行解码得出相应的 w_1，w_2，…，w_{n-1}。如果超出了 w_1，w_2，…，w_{n-1}的约束范围（$w_1+w_2+\cdots+w_n=1$，$w_1+w_2+\cdots+w_{n-1}<1$），我们重新产生该染色体的基因，直到满足约束条件为止。

Step 3：由于求解目标函数的最小值，因此目标函数值小的个体适应度较大，首先求出所有个体的累计倒数和：

$$ssum=\frac{1}{f(1)}+\frac{1}{f(2)}+\cdots+\frac{1}{f(M-1)} \tag{5-30}$$

其次求出个体的适应度 $ff(i)=\dfrac{\frac{1}{f(i)}}{ssum}$。同时我们用适应度最大个体替换适应度最小个体，并将最优个体放到种群最后，不进行交叉变异。

Step 4：求出个体累计适应度 fitness = cumsum（ff（i））。用轮盘赌法，随机产生概率，根据概率所在的区间选择个体进行遗传。

Step 5：对所有个体随机两两配对，然后按照交叉概率 P_c 进行单点交叉。

Step 6：对所有个体的所有基因产生相应的概率，符合变异概率 P_m 的进行变异操作。

Step 7：不断进行迭代操作，进行 500 次后，取出最优染色体序列，解码输出最优 w_1，w_2，…，w_n 值，算法结束。

二、样本与数据来源

本书以我国陶瓷企业为研究样本，样本期间选择 2006 ~ 2015 年所有相关数据来源于中国陶瓷工业协会、中国国家统计局以及调研。

三、预测结果分析

本书对于模型的检验选择 STATA12.0 统计软件进行预测，上述模型的预测结果具体如下所述：

（一）污染物总体排放效果

陶瓷生产所用的原材料主要为高岭土等矿石资源，陶瓷在全部生产过程中产生的污染主要有气体污染物（二氧化硫、二氧化碳、一氧化碳等）、固体污染物（不可回收的质量不合格的陶瓷坯体等）和废水污染物。这些污染物在第三章已经进行了详细阐述，在此不再赘述。

我们以中国陶瓷工业协会公布的我国陶瓷产业每年的二

氧化硫和氮氧化物的排放量、固体污染物排放量以及废水排放量数据为基础，对于BP模型估计陶瓷生产过程中的污染排放量的可靠性进行了检验，表5－1给出了样本观测的均值与标准差以及BP模型预测的均值与标准差情况。

表5－1　污染物排放量的模拟输出结果

污染物	样本观测		输出预测	
	均值	标准差	均值	标准差
二氧化硫（吨）	0.035	0.003	0.033	0.002
氮氧化物（吨）	0.029	0.018	0.031	0.016
固体污染物（吨）	0.048	0.005	0.046	0.007
废水（吨）	0.028	0.021	0.025	0.020

观察表5－1中的均值与标准差，我们可以看到BP预测模型在对陶瓷产业污染物排放预测方面的精确性的确很高，无论是对均值的预测，还是对于标准差的预测，其估计误差均在统计学上可以接受的范围内，所以，可以采用BP模型对于陶瓷产业污染物的排放量进行估计。

（二）固体废弃物排放效果

陶瓷生产过程中产生的固体废弃物主要由质检不合格的废品以及坯体构成，根据我国陶瓷产业的相关数据，我们利用灰色预测模型估计出预测值，并且与实际值进行比较，结果如表5－2所示。

表 5－2　基于灰色预测模型的陶瓷产业减少的固体废弃物量

统计指标	固体废弃物（吨/每吨预拌砂浆降低）	
	观测值	预测值
均值	0.048	0.043
标准差	0.005	0.005
最小值	0.053	0.049
最大值	0.021	0.019
残差均值	0.005	
精度检验	0.005	

表 5－2 中给出的观测值和模型预测值的相关统计指标结果显示：灰色预测模型的预测结果的准确度较高（在统计学上通过检验），并且从均值和标准差的视角来看，预测值与观测值之间的差异非常小。所以，可以灰色预测模型估计出的均值作为每吨生态化生产下陶瓷产品相比传统工艺生产的陶瓷所减少的固废数量。

（三）粉尘排放效果

陶瓷企业在生产过程中排放的粉尘颗粒主要来自陶瓷生产所用的原材料，根据对某区域陶瓷企业的陶瓷生产设备除尘数据与排风数据等相关数据的考察，我们利用粉尘排放系数估计出预测值，并将其与实际考察值进行比较，比较结果如表 5－3 所示。

表5-3 粉尘排放系数观测值和预测值

统计指标	粉尘排放系数（千克/吨原材料）	
	观测值	预测值
均值	0.048	0.046
标准差	0.012	0.015

观察表5-3中的观测值与预测值两个主要统计变量，即均值与标准差，我们可以看到，运用粉尘排放系数对陶瓷产业颗粒物污染物排放预测方面的精确性的确很高，无论是对均值的预测，还是对于标准差的预测，其估计误差均在统计学可以接受的范围内，所以可以采用粉尘排放系数模型对于陶瓷产业的颗粒物污染物的排放量进行估计。

（四）生态化综合效益

为了比较准确地评估陶瓷产业生态化的综合效益，我们采用陶瓷生产过程中产生的废渣再次利用量作为评估标准。利用从中国陶瓷工业协会网站上收集到的相关数据，运用上述组合预测模型进行相关预测，预测结果的均值和标准差如表5-4和表5-5所示。

表5-4 各种工业废渣的样本统计（每吨陶瓷产品用量）

统计指标	煤灰	尾渣	废品（坯）	其他
均值	0.126	0.114	0.087	1.065
标准差	0.021	0.035	0.022	0.050

表5-5　各种工业废渣的组合预测结果（每吨陶瓷产品用量）

统计指标	煤灰	尾渣	废品（坯）	其他
均值	0.123	0.098	0.083	1.059
标准差	0.018	0.031	0.019	0.048

通过比较表5-4和表5-5，我们可以看到，回归预测的结果和样本数据的观测值之间的差别并不明显，无论是从均值还是从标准差来看，回归模型的预测结果准确性都很高，所以，可以用组合预测模型来估计我国陶瓷产业生态化实现给我国带来的综合效益。

第六章　我国陶瓷产业生态化发展路径分析

在前文的研究中，我们对我国陶瓷产业的整体发展现状、现阶段存在的主要问题进行了探讨，得出我国陶瓷产业的高污染、高能耗特征，接着以我国陶瓷企业为研究样本，实证考察了我国陶瓷产业的污染与能耗程度，为了解决我国陶瓷产业的高污染、高能耗问题，我们提出了陶瓷产业的生态化发展战略，并基于陶瓷产业数据，对我国陶瓷产业实现生态化后的效益进行了实证分析，证明了实现生态化发展是目前解决我国陶瓷产业面临的主要问题、实现陶瓷产业经济健康有序发展的最好途径。那么我国应该通过何种途径进行陶瓷产业的生态化发展呢，我国的陶瓷企业以及政府部门应该为此付出哪些努力呢？这就是接下来两章（即第六章和第七章）所讨论的主要问题。本章主要从微观层次即陶瓷企业的视角出发，对我国陶瓷企业在实现陶瓷产业生态化目标的情况下所应做出的努力进行了探讨和总结，而第七章主要从宏观层次即相关的政府部门以及陶瓷产业协会的视角对陶瓷产业生态化的政策和对策进行了分析。

一、设计过程的生态化

（一）设计过程的生态化实现路径

陶瓷产品的生态化设计是中国陶瓷产业实现生态化发展的重要环节，生态化设计要求陶瓷产业设计人员改变传统的设计理念，要以保护自然环境为目的，以安全清洁生产为标准，以生产可循环利用、节能环保型陶瓷产品为最终目标。陶瓷企业在产品设计阶段实现生态化，有益于提高陶瓷企业的经济效益，更重要的是可以提升陶瓷企业在社会中的形象和地位，为陶瓷企业未来的发展开拓更加广阔的空间。

陶瓷产品的生态化设计主要包括四个方面的内容：①陶瓷产品结构设计的生态化；②陶瓷产品生产原料选择的生态化；③陶瓷产品环境保护性能设计的生态化；④陶瓷产品可循环利用性能设计的生态化。

1. 陶瓷产品结构设计的生态化

陶瓷产品的结构设计包括对陶瓷产品的内部结构以及机械强度等方面的设计。陶瓷产品的结构设计要考虑陶瓷的形状、光滑程度以及陶瓷产品的抗压能力、耐腐蚀性能等，所以在陶瓷产品结构设计方面要考虑怎样的陶瓷结构在生产过程中会产生较低的污染物质，即实现陶瓷产品结构设计的生态化。

2. 陶瓷产品生产原料选择的生态化

陶瓷产品生产原料一般由黏土经过萃取而成，多为氧化物、氮化物、硼化物和碳化物等。实现陶瓷产品原材料选择的生态化要求陶瓷企业选择新型陶瓷生产原料，如氧化物陶瓷多选择氧化镁、氧化铝、氧化锌等氧化物作为生产原料；碳化物陶瓷多选用碳化钛、碳化硼等碳化物作为生产原料；硼化物陶瓷通常选择硼化锆等硼化物作为生产原料；氮化物陶瓷可以选择氮化硼等氮化物作为生产原料。选择生态化陶瓷原材料制作陶瓷，可以在陶瓷烧制等过程中有效降低环境污染。

3. 陶瓷产品环境保护性能设计的生态化

陶瓷产业是高污染型产业，陶瓷企业生产出的陶瓷产品中又或多或少地含有有害元素，基于陶瓷产品使用者的视角出发，陶瓷企业在设计陶瓷产品的过程中，要充分考虑到如何尽量降低或杜绝陶瓷产品在使用过程中有害物质的挥发给环境和使用者带来的伤害。此外，陶瓷产品均属于易碎产品，陶瓷产品破碎后，通常会被随意丢弃，这样会增加污染物质的扩散范围，对环境造成进一步的伤害。因此，陶瓷企业在设计陶瓷产品时要考虑是否可以使用可降解材料作为陶瓷生产的主要原材料，避免产生更多的环境污染问题。

4. 陶瓷产品可循环利用性能设计的生态化

陶瓷产业是高污染型产业，亦是高消耗型产业。陶瓷产品可循环利用性能设计生态化是指在陶瓷产品的设计阶段，陶瓷企业要考虑选择可回收的原材料作为陶瓷产品生产的主要原材料，这样毁损或质量不合格的陶坯就可以进行回收再利用，可以起到节约原材料的作用。

（二）设计过程生态化路径污染降低影响分析

陶瓷产业在设计过程中实现生态化是陶瓷产业从源头消灭环境污染的重要途径，是陶瓷生产过程和运输过程中实现生态化发展的基础。相关研究表明：产品在设计阶段实现生态化，预计可以平均降低环境污染物排放量的30%～40%。我们可以得出：我国陶瓷产业在产品设计阶段实现生态化，预计可以实现削减环境污染物的平均程度达到30%～40%。由此可见，实现陶瓷产业设计阶段的生态化，可以有效地降低我国陶瓷产业对自然环境的破坏程度，促进我国工业早日实现健康的生态化发展。

二、生产过程生态化

（一）绿色生产运作系统

陶瓷生产实现绿色生产是指在陶瓷产品生产过程中，每一道生产工序乃至每一个生产环节都要遵循生态化原理，以降低资源和能源消耗为目标，以管理和技术为手段，尽全力地减少甚至彻底消除陶瓷生产对自然环境的危害。绿色生产系统对环境产生的消极影响最小，可以说是一种“无公害”的创新型生产技术。

建设陶瓷绿色生产运作系统，可以从以下四个角度出发：即尽量减少原材料消耗数量和能源消耗数量；拒绝使用有害有毒的生产原料，尽量选择绿色可循环使用的资源；尽量降低废品数量；建设和完善陶瓷生产末端处理技术。其中，陶瓷生产末端处理技术是指在陶瓷生产过程中，能够有效地处理生产过程中产生的污染物质的技术，这种技术的广泛使用可以有效降低陶瓷生产对生态环境造成的污染。

绿色陶瓷生产运作系统的生产过程可以表示为投入—变换—产出这一简单形式，即正式生产之前要投入一定种类和数量的环保资源，之后经过一系列、各种复杂形式的绿色生产工序，使其达到价值增值的目的，最后再以绿色陶瓷产品的形式输出的全过程。

建设绿色陶瓷生产运作系统，可以有效地降低资源和能源的消耗量，同时还可以大幅度降低陶瓷生产对生态环境造成的危害，所以，陶瓷生产企业可以选择使用绿色生产技术生产陶瓷，不仅可以节约成本，也可以减少对社会环境造成的危害，提升企业形象和地位。

（二）清洁生产

清洁生产是指使用清洁的原材料和能源，引进先进的生产设备，采用先进的生产工艺和加工技术，并且不断改进设计、改善管理模式，尽量从生产源头开始彻底消灭污染，提高资源和能源的利用效率，降低或消除生产、服务和产品使用过程中污染物质的产生和排放的一种生产方式，是实施可持续发展战略的最佳模式。

清洁生产的生产方式突出强调三个方面的内容：能源清洁：即在产品的设计阶段尽量选择可循环利用的再生资源以及合理使用的常规资源作为生产原料或辅助材料；生产过程清洁：即要尽可能地不使用或较少使用有毒有害物质作为生产原料以及生产过程中几乎不产生有害的中间产品，对于中间产品要进行可回收再利用；产品清洁：即生产出的产品要不危害人类的身体健康以及对生态环境不会产生不利影响。

中国的陶瓷企业要实现清洁生产，可以从下面具体的方面做起。

1. 合理开采无废矿山，综合利用资源

开采无废矿山，合理利用资源是陶瓷企业实现清洁生产的第一步，其目的是从源头降低或消灭污染物质。陶瓷产品生产使用的原材料主要是无机非金属矿物资源，对于这些资源的获取，我们要尽量就地取材且要考察研究扩大可用资源的范围，做到合理开采矿石、科学地配备矿石原料，综合利用矿石资源，提高资源的利用率，努力降低环境承担的压力。

2. 开发和使用新型陶瓷原材料

我国陶瓷的快速发展历史已历经数十年，这使得原本就资源匮乏的中国可供陶瓷生产选择的矿石资源几乎所剩无几，面对这种严峻的形势，我们必须要开发一些新的陶瓷原料以满足陶瓷产业的稳定发展，如陶瓷企业可以选择氧化物、碳化物、氮化物以及硼化物等作为生产原料，降低矿石的使用量；还可以对一些低质量的原料以及工业废渣进行循环利用，如用陶瓷熟料制作透水砖、用陶瓷抛光废料生产烧陶瓷等，可以降低生产成本，减少对环境的损害程度。

开发和使用新型陶瓷生产原材料，实现资源的循环利用，不仅可以降低陶瓷企业的生产成本，还可以减少对我国植被资源的破坏，减低生态环境的负荷压力，是实现清洁生产的重要手段。

3. 引进先进生产设备，改善生产技术

我国陶瓷产业的发展历史悠久，传统的生产艺术已经越来越成熟，但是在科技日益进步的背景下，传统的生产技艺已经无法满足陶瓷产业迅猛发展的步伐，陶瓷企业需要采用更加先进的生产设备，不断改善生产技术，才能够实现可持续发展。

采用湿法工艺生产陶瓷的企业资源和能源消耗过高，造成的环境污染问题也较严重，而采用干法生产陶瓷的企业可以节约大量的资源和能源，最重要的是可以降低有害物质的排放量，降低对环境的损害程度，所以建议陶瓷企业选择干法生产方法生产陶瓷。

除了改善生产技术外，我国陶瓷企业的生产设备也较落后，陶瓷企业要积极引进先进的生产设备。如日本陶瓷产品施釉设备已经完全实现了机器人化，意大利推出的滚筒施釉机设备等，都值得我国陶瓷企业学习和借鉴。

4. 改善釉料配备工艺

陶瓷产品的釉料中含有多种化学物质（如铅、镉等重金属元素），这些化学物质通常都具有一定的危害性。陶瓷企业要致力研发出不含镉的陶瓷釉料和不含铅的陶瓷釉料，减少陶瓷产品的后续污染，降低陶瓷产品对人体的伤害。

5. 中间产品和不可修复的陶瓷坯体可回收、可循环利用

众所周知，陶瓷产业是高消耗型产业，陶瓷企业生产陶瓷产品需要消耗大量的矿石资源。要实现清洁生产，陶瓷企业要实现对陶瓷生产过程中产生的中间产品和不可修复的陶瓷坯体的回收再利用，这样不仅可以降低企业的生产成本，还可以降低环境污染程度。

6. 实现含泥废水的循环利用

陶瓷生产过程中产生的废水中含有大量的固体颗粒，这些固体颗粒含有重金属元素，尤其是铅元素和镉元素的含量较高，不经处理就排放会对环境造成巨大的伤害。陶瓷企业要实现清洁生产，就要对产生的废水进行处理后再排放。

陶瓷企业生产陶瓷过程中产生的废水处理过程一般是：首先将废水注入沉淀池进行沉淀，排除废水中的粗颗粒；其次泵入凝聚设备，过滤出细颗粒部分；最后将净化的清水供生产使用，完成废水的循环利用，实现清洁生产。

7. 净化环境污染物

陶瓷产业产生的环境污染物主要有固体和气体两种，固

体污染物包括粉尘，空气中飘浮的细小颗粒等，气体污染物包括二氧化硫、二氧化碳、一氧化碳等。这些有害物质的排放不但会污染自然环境，而且也会对周围居民的身心健康带来伤害。陶瓷企业要实现清洁生产，就必须对这些环境污染物进行处理。其中，粉尘的处理可以选择分离转化法或封闭式生产方式进行，气体污染物的处理可以使用石灰进行净化处理。

8. 实施对生产全过程的控制，加强生产管理

采用清洁生产方式进行陶瓷的生产，为了避免在生产过程中出现缺陷，陶瓷企业需要对生产全过程进行控制管理，以达到提高生产效率的目的。陶瓷企业对生产过程的控制主要集中在下面四个方面：①严格执行生产环境卫生管理；②生产一线员工的技能培训管理；③生产设备以及生产工序的控制；④陶瓷产品质量监督管理。

（三）实行循环经济模式

我国陶瓷产业要实现循环经济，除了上述提到的陶瓷产品生态化设计和陶瓷产业清洁生产方式外，还可以从以下方面努力：

1. 建立绿色陶瓷生产技术体系

陶瓷企业建设绿色陶瓷生产技术体系可以选择清洁生产技术，也可以选择消除污染的环境工程技术。前者是将污染消除在生产过程中，后者则是生产完成后对污染物的集中处理。

2. 实施陶瓷产品的绿色营销

绿色营销是指陶瓷企业要以消除和减少产品对自然环境的不利影响为中心而展开的市场营销实践。绿色营销与产品生产的全过程息息相关。

3. 实行陶瓷生产企业的绿色管理

实行循环经济，要求陶瓷生产企业建立一套促进循环经济建立的法规制度和操作规范，对企业的生产进行严格科学的管理，努力推行循环经济。

三、遵循党的十八大报告中的指导原则

（一）加强陶瓷产业的技术创新

党的十八大报告指出：为完善我国社会主义市场经济体制和促进我国经济发展方式的转变，我国就要坚定不移地实施创新驱动发展战略。科技创新是提高社会生产力和综合国力的战略支柱，所以必须将科技创新摆在国家发展全局的核心位置。陶瓷产业作为我国重要的工业产业，传统的生产模式已经无法满足我国经济的发展速度，所以为了实现我国陶瓷产业更快、更好地发展，我国陶瓷企业就要积极响应十八大报告中的指示，建设陶瓷企业的创新链，实现陶瓷企业的科技创新，从而增加陶瓷企业的价值。

实现我国陶瓷产业的科技创新，陶瓷企业可以从以下四个方面着手：①加强对陶瓷专业人才的知识培训，鼓励其进行陶瓷相关研究和前沿研究，提高陶瓷企业的科研水平和科研成果转化能力。②加快陶瓷企业的新技术、新产品和新工艺的开发与应用，加快实现陶瓷企业的技术集成和商业模式的创新。③加强对陶瓷产业知识产权的保护。④促进陶瓷相关资源的有效、高效配置，合理利用资源。

（二）以生态文明建设为基础发展陶瓷产业

建设生态文明，与人民福祉和民族的未来有着密不可分的关系。为了解决我国面临的可用资源日趋减少、自然环境污染问题日趋严重、生态系统退化的严峻形势，党的十八大报告中指出：我国要以“坚持节约资源和保护环境”作为基本国策，以“坚持节约优先、保护优先、自然恢复为主”作为主要指导方针，重点推进产业的绿色发展、循环发展、低碳发展，实现节约资源和保护环境的空间格局、产业结构、生产方式和生活方式，从源头上改善生态环境恶化趋势，为人民创造良好的生产生活环境，为全球生态安全贡献力量。

陶瓷产业作为我国重点工业产业，为实现我国生态文明建设，陶瓷企业可以做出以下三个方面的努力：①实现资源节约，减少原料浪费；②重视保护自然生态环境的职责为己任，减少污染物质的排放，加强环境保护力度；③加强企业生态文明制度的建设，增强企业的节约意识、环保意识和生态意识。

与西方发达国家相比，我国的陶瓷产业生态化发展进程相对缓慢，仍处于探索阶段，要实现我国陶瓷产业的持续快速发展，未来我国将会持续走生态化发展道路。未来几十年，为了实现陶瓷产业的生态化发展，我国陶瓷生产企业要加强清洁生产，建设一套全部生产物料可循环的生产程序，保证从源头消灭污染，以减轻甚至消除污染对人类健康和生态环境的危害，为实现我国陶瓷产业生态化发展奠定坚实的基础。

除了陶瓷生产企业实现清洁生产之外，陶瓷产业还要加强产业链建设，建立陶瓷工业生态园区。单个陶瓷企业的清洁生产和内部循环由于会形成内部无法处理的部分废料而具有一定的局限性，这就需要从企业外部获得帮助以完成组织物料循环。陶瓷生态园区的建设就是要在更加广阔的范围内实行循环经济指导法则，将不同的生产制造企业相互联结起来形成共享资源的共生组织，使得一家企业的废弃物变成另一家企业的原料和能源，实现真正的循环经济系统，保证我国陶瓷产业的迅猛发展，提升我国的国际形象和地位，实现真正意义上的中国陶瓷产业生态化发展。

第七章　我国陶瓷产业生态化的政策与对策分析

第六章中，我们从陶瓷企业视角即微观层次对陶瓷产业生态化的实现路径进行了探讨，实现陶瓷产业的生态化发展，不仅需要陶瓷企业做出相应的努力，还需要政府部门等其他宏观主体的配合与支持。本章在前文讨论结果的基础上，从宏观视角出发，探讨政府部门、陶瓷行业协会以及陶瓷产业集群在实现陶瓷产业生态化过程中所扮演的重要角色，对我国陶瓷产业生态化政策和决策的制定进行分析。

一、政府层面

（一）制定正确的宏观经济政策

改革开放以来，中国的工业经济逐渐复苏，并得到了快速的发展和进步，但是我国工业经济的迅猛发展也给我国的生态环境造成了无法弥补的伤害。而陶瓷产业作为中国经济的一部分，我国又是陶瓷生产大国和出口大国，每年的陶瓷产量多年来都居世界首位，为我国的经济发展做出了傲人的成绩。但不容忽视的是，陶瓷产业属于高能耗、高污染型产业，陶瓷工业经济的迅速发展给我国的自然环境带来了巨大的污染问题，严重影响了陶瓷生产企业周围居民的身体健康。

为了解决工业经济的污染问题，我国相继出台了一系列的环境保护政策和法规。2010 年 12 月，工信部和财政部联合发布了《环保装备“十二五”发展规划》，这项政策重点针对火电、钢铁、水泥、石化、有色等行业，加强对工业烟粉尘、有毒废气污染等污染的控制；2011 年 12 月，国务院发布《国家环境保护“十二五”规划》，主要强调对颗粒污染物的控制；2012 年 8 月，国务院继续发布《节能减排“十二五”规划》，目的是加强重点行业的污染预防，尤其是陶瓷这种高能耗、高污染行业；2012 年 10 月，环境保护部、国家发改委和财政部联合发布《重点区域大气污染防治“十二五”规划》，对污染性行业实行特别排放限值；2013 年 12 月，我国环保部发布《关于发布国家先进污染防治示范技术名录》，将高炉煤气袋式除尘技术等列为国家重点鼓励环境保护技术。

（二）加强环境监控

环境监控是指运用污染源在线监控系统和环境质量在线监控系统，实现政府环保部门对环境的实时监控，及时获取环境相关信息，为政府的决策和执法提供重要依据。环境监控是政府进行环境保护和环境管理的重要手段。陶瓷产业是我国多个地区的支柱性产业或主要产业，其生产产生的污染物已经严重危害了当地的自然环境。所以，要实现陶瓷产业的生态化发展，首先就要监测陶瓷企业产生的主要污染物，并根据监控所反馈的信息做出正确的判断，采取相应的处理措施，对陶瓷生产企业的环境保护责任进行有效约束。

除了对陶瓷生产企业的环境保护制约外，还要对其进行环境保护激励措施，约束和激励并行，方能达到良好的环境保护效果。例如，政府可以对实行清洁生产和资源循环利用的陶瓷生产企业实行经济激励等相关措施。对陶瓷生产企业实行环境保护正向激励政策，有利于调动陶瓷生产企业保护环境的积极性，让陶瓷生产企业提升自我环境保护的意识，降低污染物的排放，尽量避免环境污染的发生。

（三）资源管理科学化

众所周知，中国是一个资源贫瘠的发展中国家，我国的资源和能源都是有限的，而陶瓷产业又是高能耗型的产业

（即陶瓷制品的生产要消耗大量的资源和能源），我国有限的资源和能源约束根本无法满足陶瓷产业的迅猛发展。面对这种困境，政府要鼓励陶瓷产业使用可替代的生产原料进行陶瓷的生产，要求陶瓷产业合理地开发矿石资源，制定一系列政策对我国有限的资源进行合理开采、科学管理，保证我国陶瓷经济的稳定持续发展。

此外，对于使用替代原料生产陶瓷产品的企业，政府要对其实施鼓励政策，调动陶瓷生产企业的积极性，鼓励其在陶瓷产品生产过程中尽量做到降低资源和能源的消耗，达到节约资源、保护资源的目的，也为我国陶瓷产业的生态化发展奠定基础。

（四）实行绿色经济与循环经济发展模式

要实现我国陶瓷产业的生态化发展，政府就要改变传统的国民经济核算方法，建立一套绿色国民经济核算体系，即采用绿色国内生产总值概念计算国民生产总值，努力推行实践循环经济。绿色统计，将会使我们看到传统方法计算的国民生产总值因为扣除自然资源和环境污染遭到破坏的损失而大大降低，这样的结果更会促进企业或个人放弃传统的经济发展模式，走经济、社会和环境相结合的可持续发展道路，实现工业的生态化发展。

二、陶瓷行业协会

中国陶瓷工业协会成立于1989年9月，是中国陶瓷行业唯一的行业组织，是由中国从事陶瓷相关产品设计、生产、流通等以及其他活动的企业、事业单位、院校和个人自愿组成的非营利性、行业性的社会团体，负责中国陶瓷行业的管理工作。在我国陶瓷产业的发展历程中，中国陶瓷工业协会发挥着不可替代的作用。为了实现我国陶瓷产业的生态化发展，中国陶瓷工业协会也应发挥重要的作用。

（一）充分发挥行业协会的监督作用

中国陶瓷工业协会作为行业自律组织，要充分发挥对整个陶瓷行业的监督职能。在陶瓷产业走生态化发展的过程中，中国陶瓷工业协会要对陶瓷生产企业实行生态化道路的情况进行实时监督，并将监控情况及时反馈，对于生态化发展优秀的企业进行激励，不理想的企业进行继续培训和教育。此外，中国陶瓷工业协会还要对陶瓷产品的价格进行监督和调节，一方面可以决定我国陶瓷产品出口的最低价格，降低进口国反倾销诉讼的可能性；另一方面可以制定陶瓷进口产品的最高价格，降低国内陶瓷企业的生产成本，从而促进我国经济的健康发展。为了实现陶瓷产业的生态化发展，中国陶瓷工业协会可以通过制定行业规划和行业规范来约束陶瓷生产企业走可持续发展道路。

（二）充分发挥行业的指导和协调作用

中国陶瓷工业协会作为中国陶瓷行业唯一的行业组织，其要履行为整个陶瓷行业提供公共服务的职责，主要表现在以下四个方面：①研究整个陶瓷行业的发展方向，对陶瓷企业的相关人员进行陶瓷专业技术培训，为提高陶瓷行业从业人员的专业技术提供服务；②开展对国内外陶瓷行业主要信息的收集、整理工作，为中国的陶瓷产业发展提供有效的信息服务；③通过制定和发布行业规则和准入标准，成立反倾销预警系统，维护国家的经济利益；④要向陶瓷生产企业积极地推广相关技术成果，为陶瓷企业提供技术支持。

（三）信息提供的及时性

中国陶瓷工业协会作为中国陶瓷行业唯一的行业组织，还承担着中国政府委托的陶瓷行业管理职能。中国陶瓷工业协会要积极开展对整个陶瓷行业的基础资料的调查、整理和统计工作，广泛收集陶瓷市场的动态信息和相关经济参数，将我国不同地区、不同部门、不同所有制性质的陶瓷企业组织起来，获取更多更好的陶瓷行业相关信息；然后将这些信息及时输送给我国相关政府部门，为政府部门制定宏观经济政策提供有效的数据基础，保证陶瓷行业相关信息的畅通传递。

三、陶瓷产业集群与其生态化实现

（一）陶瓷产业集群

所谓产业集群，是指集中于某一区域内的特定产业的众多具有分工与合作关系的不同规模的企业和与其发展相关的各种组织、机构等行为主体，通过纵横交错的网络关系紧密联系在一起的、介于市场和等级制之间的一种新型的空间经济组织形式。

产业集群的发展，可以有效促进当地区域经济的快速发展，提高区域的竞争力。近年来，随着我国陶瓷产业的迅猛发展，考虑到我国陶瓷企业的分布特征，我国陶瓷产业更加趋向于集群化发展，如潮州陶瓷产业集群、佛山陶瓷产业集群、景德镇陶瓷产业集群等，这些产业集群的形成取得了良好的发展成果。

陶瓷产业集群多为资源型产业集群，其特征主要是以特定的自然资源（主要为生产用的矿石资源等）为依托而发展起来的，可以实现资源的有效利用和提高产业竞争优势的目的。此外，陶瓷企业以集群化形式进行发展，可以加强集群内企业间的有效合作和交流，有益于企业的良好发展和进步。

（二）陶瓷产业集群生态化实现

1. 建设陶瓷产业生态化产业链

建设陶瓷产业生态化产业链，陶瓷企业可以从三个层面来做：第一，开发和生产低能耗、低污染和可循环利用的安全产品，降低生产和产品对人类和环境的危害程度；第二，充分利用清洁生产和循环经济的生产模式进行陶瓷的生产，达到少排放甚至零排放的目标；第三，实现合理运用资源，实现保护生态环境和产业发展的最终目标。

2. 技术创新

我国陶瓷产业集群要实现生态化发展，实现陶瓷产业的技术创新是关键因素。陶瓷产业集群要充分使用先进的生态化技术进行陶瓷产品的生产制造工作，降低环境污染程度，减少原材料和能源的消耗，不断提升陶瓷产业集群的整体技术水平，改善传统陶瓷产业生产技术的不足，提高陶瓷产业的经济效益。

3. 建设陶瓷产业集群物质循环系统和能量交换系统

陶瓷产业集群内部含有众多的陶瓷生产企业或者与陶瓷生产相关的企业和组织，集群内的企业可以通过贸易或者其他方式将产生的废弃物和中间产品销售给其他企业作为其生产的原材料，可以达到节约资源的目的；延伸陶瓷产业集群的生态化产业链，以集群内的核心企业为中心，建设或者吸纳能够“消化”集群内废弃物和中间产品的企业，拓展陶瓷产业集群的产业结构，建设一个物质循环系统和能量交换系统，可以有效地降低陶瓷生产原料的消耗和对自然环境的损害程度。

4. 建设陶瓷产业生态园区

因为地域的约束，陶瓷产业集群内产生的废弃物和中间产品有可能难以被集群内部消化利用，这时集群内的企业可以通过各个地区的中介服务机构集中回收处理生产过程中产生的废弃物和中间产品。即建立陶瓷产业生态园区，使陶瓷产业集群内部企业以及集群外部企业之间耦合形成陶瓷产业生态体系，实现陶瓷产业集群的生态化发展目标。

第八章　总结

陶瓷产业是高能耗、高污染型产业，传统的陶瓷生产模式已经给我国的自然生态系统带来了巨大的压力，不符合我国提倡的可持续发展战略。但是，如果我国陶瓷产业能够科学地进行生产管理，用清洁生产方式替代传统的生产模式，实行循环经济发展模式，坚持走生态化发展道路，我国的陶瓷产业将会取得更加卓越的成绩，更重要的是我国的资源约束现状将会得到一定的缓解，环境状况也会有相应的改善。

一、研究结论

本书对我国陶瓷产业的现状以及生产中存在的主要问题进行了具体的研究，实证分析了我国陶瓷企业生产过程中对环境造成的危害程度，让人们更加清楚地意识到传统的陶瓷生产模式对生态系统的巨大危害，实行陶瓷产业的生态化发展已经成为保护生态环境、节约能源与资源以及促进社会经济发展三方共同的需求；针对我国陶瓷产业实现生态化之后所带来的效益评估提出了实证研究方法，并针对我国陶瓷产业的现状，从宏观和微观两个层次提出了合理化的生态化建设意见，即中国陶瓷要实现可持续发展，就要走生态化发展道路。中国陶瓷产业的生态化研究课题，将会越来越多地受到各界学者的关注，相信未来我国对陶瓷生态化研究成果会越来越完善，我国陶瓷产业也会在不久的将来实现生态化发展！

二、研究创新点

首先，在我国陶瓷产业生态化的研究中，关于陶瓷产业的污染问题，大部分学者都是从污染物的种类以及各种污染物排放量的角度进行研究的，这部分研究多为定性研究，而对于陶瓷产业污染物的污染程度的定量研究则鲜有。本书在定性研究的基础上，将定性的结果量化为可以测量的变量，通过构建陶瓷产业污染评价模型，对我国陶瓷产业对环境的污染程度进行度量，得出的实证结果更加具有说服力，丰富了我国陶瓷产业污染测度的研究成果。

其次，本书针对运用定量研究方法度量我国陶瓷产业的污染程度的结果，清楚地指出了陶瓷生产各环节中污染产生的情况，提出了相应的生态化改进意见，并且运用 BP 神经网络分析方法、灰色预测模型以及粉尘排放系数等实证研究方法对我国实施相应措施后污染的改善程度进行了定量测量，直观地显示了我国陶瓷产业实现生态化发展的美好结果，这是目前其他陶瓷产业生态化研究文献中所缺少的部分。

最后，在分析中国陶瓷产业存在问题的基础上，本书从宏观和微观两个层次分别给出了中国陶瓷产业实现生态化发展的对策，并给出了陶瓷产业生态化的评价指标和评价方式，指出了评价陶瓷企业是否实现生态化的简要方式，为我国陶瓷产业实现生态化提供了比较全面的建设建议。

三、研究不足

本书虽然在提出陶瓷产业生态化定义的基础上，探讨了我国陶瓷产业现阶段的发展状况，指出了我国陶瓷产业存在的主要问题和陶瓷产业实行生态化发展的必要性，构建了陶瓷产业生态化的定量指标评价体系，实证检验了我国陶瓷产业的污染程度与能源资源利用率问题；同时，对陶瓷产业实现生态化的效益进行了实证分析，并针对我国陶瓷产业的现状和问题，从微观层面和宏观层面分别提出了生态化发展的路径和对策。

但是，从整个国家的陶瓷产业发展而言，尤其是结合各个产瓷区的发展特点，对全国各个产瓷区的陶瓷产业生态化发展，没有给出具体的建议和指导性意见，对产瓷区政府和管理部门建议较少。

四、未来研究和展望

今后，将在本书研究成果的基础上，深入研究各个产瓷区的发展特点和不同，着力做好以下几方面的研究。

首先，采用比较分析法，对各个产瓷区能源消耗进行比较，形成一套完整的陶瓷产业生态化发展状态结论，并根据结论针对性地提出各个产瓷区的生态化发展道路。

其次，从各个产瓷区现有的能源和资源情况出发，结合地方优势和产业发展特色，按照效率、效益和生态的原则，有针对性地提出各个产瓷区重点发展的产品类别，为地方政府指出“既有金山银山，又有绿水青山”的陶瓷产业发展路径。

最后，结合“一带一路”倡议，重点研究各个产瓷区与“一带一路”倡议的关系，从陶瓷产品设计与研发、陶瓷企业管理升级、陶瓷产业转型升级等方面提出指导意见，实现中国陶瓷产业从大到强的华丽转身。

参考文献

［1］ Barnes Phillip E. Industrial Ecology. Business & Economic Review, 1998 (4): 21.

［2］ Caporale L H. Chemical Ecology: A View from the Pharmaceutical Industry. National Academy of Sciences, 1995 (3): 75 – 82.

［3］ Cerceau J, Mat N Junqua, G, Lin L, Gonzalez C. Implementing Industrial Ecology in Port Cities: International Overview of Case Studies and Cross – case Analysis. Journal of Cleaner Production, 2014 (16): 1 – 16 .

［4］ Chiusano L, Cravero M C, Gerbi V. An Industrial Ecology Approach to Solve Wine Surpluses Problem: The Case Study of an Italian Winery. Journal of Cleaner Production, 2015 (8): 56 – 63.

［5］ Den Hond F. Industrial Ecology: A Review. Regional Environmental Change, 2000 (10): 60 – 69.

[6] Frosch Robert A. Daedalus. Summmer, 1996 (14): 199.

[7] Giurco D, Prior J, Boydell S. Industrial Ecology and Carbon Property Rights. Journal of Cleaner Production, 2014 (13): 211 - 223.

[8] Goel A K, Kumar A, Maji S. Reduction of Energy Consumption in Ceramic Tableware Industry. International Journal of Applied Engineering Research, 2013 (2): 1601 - 1610.

[9] Gynn Ann M. Yale Group Studies Industry, Ecology. Waste News, 2001 (1): 3.

[10] Jensen Paul D, Basson L, Leach M. Reinterpreting Industrial Ecology. Journal of Industrial Ecology, 2011 (13): 680 - 692.

[11] Keirstead J. Fit for Purpose? Rethinking Modeling in Industrial Ecology. Journal of Industrial Ecology, 2014 (3): 161 - 163.

[12] Levine Stephen H. Book Review: Linking Industry and Ecology: A Question of Design. Ecological Economics, 2007 (2): 757 - 758.

[13] Liao Q Lin, Liu C, Jin Y, Hua M, Zhu B Wan. Association of Soil Cadmium Contamination with Ceramic Industry: A Case Study in a Chinese Town. Science of the Total Environment, 2015 (7): 26 - 32.

[14] Mendoza Joan - Manuel F, Pitano. Environmental

Management of Granite Slab Production from an Industrial Ecology Standpoint. Journal of Cleaner Production, 2014 (10): 619 - 628.

[15] Nirmala G, Viruthagiri G. FT - IR Characterization of Articulated Ceramic Bricks with Wastes from Ceramic Industries (Spectrochimica Acta Part A). Molecular & Biomolecular Spectroscopy, 2014 (6): 129 - 134.

[16] Pyper, Wendy. Emulating Nature: The Rise of Industrial Ecology. Ecos, 2006 (5): 22 - 26.

[17] Richards Deanna J, Pearson G. The Ecology of Industry: Sectors and Linkages. National Academy of Engineering, 1998.

[18] Shane Maguire. Sustainability, Ecology Gradually Cementing a Place in Industry. Advertiser, The (Adelaide), 2005 - 12 - 06.

[19] Thomas Valerie M. Industrial Ecology: Quantitative Methods for Exploring a Lower Carbon Future. AIP Conference Proceedings, 2015 (10): 90 - 99.

[20] 蔡海生，张学玲，王小明，金志农. 区域生态化评价模型的构建方法研究. 生态经济，2014 (4): 143 - 148.

[21] 蔡清龙. 陶瓷产业与区域经济发展实证研究——以江西景德镇为例. 景德镇陶瓷学院论文，2007.

[22] 陈美球，金志农，蔡海生. 生态化的基本内涵及

生态化水平评价指标构建的基本原则．生态环境，2012（3）：166－169.

［23］陈殊．产业生态化指标体系构建及综合评价研究——基于重庆市的实证分析．重庆大学，2008.

［24］陈伟．我国钢铁产业生态化水平评价研究．中国地质大学论文，2009.

［25］陈晓峰．产业生态化视角下传统产业集群的转型升级研究——以江苏苏中地区为例．企业经济，2010（4）：46－50.

［26］崔泽田，秦书生，张瑞．企业技术生态化实现途径探析．科技进步与对策，2011（17）：76－79.

［27］丁传国．景德镇陶瓷艺术市场繁荣大背景下的现代陶艺创作．陶瓷学报，2015（1）：88－91.

［28］杜晖，余青．鄱阳湖生态经济区产业生态化条件及模式．江西师范大学学报（哲学社会科学版），2010（5）：211－215.

［29］冯涛．生态文明视野下的景德镇陶瓷企业发展与责任．现代企业，2014（2）：22－23.

［30］付丽娜．工业园的生态化转型及生态效率研究．中南大学论文，2014.

［31］葛文．氯碱化工行业产业生态化模式研究——以新疆天业生态工业系统为例．东华大学论文，2010.

［32］宫淑燕，夏维力．产业集群与生态化协同创新关系研究．西北工业大学学报，2013（1）：63－65.

［33］宫小龙，梁华银，冯青，陆琳，严景华．陶瓷生态工业园的陶瓷生产过程能量集成分析．陶瓷学报，2010（1）：158－161.

［34］龚志文，郭灵，胡玲．生态文明视野下陶瓷企业社会责任研究．中国陶瓷工业，2010（2）：56－58.

［35］龚志文，郑四华．景德镇陶瓷工业生态化发展的SWOT分析及发展对策．山东陶瓷，2010（2）：38－40.

［36］郭守前．产业生态化创新的理论与实践．前沿论坛，2002（4）：34－37.

［37］韩华林．基于生态学视角企业集群发展模式研究．上海社会科学学院论文，2008.

［38］胡孝全．产业生态与产业集群生态化发展策略研究．天津商业大学学报，2011（1）：28－32.

［39］黄弘．基于可持续发展理念的新兴陶瓷产业园区（基地）发展研究．企业经济，2011（9）：83－85.

［40］黄群．海洋渔业生态化指标体系构建与评价研究．中国海洋大学论文，2013.

［41］黄志斌，王晓华．产业生态化的经济学分析与对策探讨．华东经济管理，2000（3）：7－8.

［42］贾玉宝．陶瓷工业的清洁生产．山东陶瓷，2005（4）：29－35.

［43］蒋荣猫．建筑陶瓷产业生态化研究．景德镇陶瓷学院论文，2009.

［44］蒋云霞．产业集群生态化发展的三方博弈分析．

系统工程，2010（8）：105－108.

［45］金国平，朱坦，唐弢，林妍．生态城市建设中的产业生态化研究．环境保护，2008（4）：56－59.

［46］金贤锋，董锁成，李雪，李斌．广义协同视角下产业集群生态化研究．科技进步与对策，2009（16）：55－58.

［47］康明晶．湖南省产业生态化水平评价与发展对策研究．湘潭大学论文，2013.

［48］李慧明，左晓利，王磊．产业生态化及其实施路径选择——我国生态文明建设的重要内容．南开大学学报（哲学社会科学版），2009（3）：34－42.

［49］李鹏梅．我国工业生态化路径研究．南开大学论文，2012.

［50］李松志．佛山禅城建筑陶瓷产业转移机理．经济地理，2007（2）：208－212.

［51］李棕，邓光亚．生态产业理论研究综述．江西师范大学学报，2010（5）：206－210.

［52］厉无畏，王慧敏．产业发展的趋势研判与理性思考．中国工业经济，2002（4）：5－11.

［53］梁柏清．佛山陶瓷产业发展过程中的政府职能定位．吉林大学论文，2005.

［54］林文彬．陶瓷工艺设计中的生态问题与解决途径分析．企业技术开发，2013（15）：173－174.

［55］刘湘溶．经济发展方式的生态化与我国的生态文

明建设．南京社会科学，2009（6）：33－37.

［56］陆辉，陈晓峰．基于循环经济理念的传统产业集群生态化研究——以江苏省南通市为例的分析．生态经济，2009（10）：123－125.

［57］陆辉，赵敏．产业生态视域下产业集群生态化对策探讨——以江苏省南通市为例．科技管理研究，2013（7）：190－194.

［58］罗天强，黄涛，李锐锋．技术生态化及社会系统控制．系统科学学报，2006（1）：58－62.

［59］马彬．中国陶瓷产业国际竞争力研究．大连交通大学论文，2008.

［60］彭福扬，刘红玉．实施生态化技术创新促进社会和谐发展．中国软科学，2006（4）：98－102.

［61］邱跃华．科学发展观视域下我国产业生态化发展研究．湖南大学论文，2013.

［62］阮海岩．中国房地产业及其生态化发展与对策研究．合肥工业大学论文，2006.

［63］沈丽娜．基于物能代谢的城市生态化建设研究——以西安国际化大都市为例．西北大学论文，2013.

［64］石芝玲．清洁生产理论与实践．河北工业大学论文，2006.

［65］宋充，程磊．生态文明视角下景德镇陶瓷文化产业集聚区研究．企业经济，2015（2）：109－112.

［66］孙悦．中国民间陶瓷的生态设计意义研究．艺术

科技，2016，29（10）.

［67］谭文华．生态文明视角的技术创新生态化研究——以产品创新过程为例．科学学研究，2014（1）：52－58.

［68］唐志阳．宜兴陶瓷工业清洁生产探讨．陶瓷，2015（4）：9－12.

［69］田昕加．基于循环经济的林业产业生态化模式构建．农业经济问题，2011（9）：86－89.

［70］童辉．我国产业生态化的问题及路径选择．天津商业大学论文，2008.

［71］屠凤娜．产业生态化：生态文明建设的战略举措．理论前沿，2008（18）：36－37.

［72］汪曼．我国建筑陶瓷产业群绿色化发展对策研究．景德镇陶瓷学院论文，2012.

［73］王薇薇．区域产业生态指标体系的构建与评价．河海大学论文，2007.

［74］王遐见．论生态化社会主义价值观．哲学研究，2012（7）：16－18.

［75］王晓春．基于产业生态视角的集群模式研究．暨南大学论文，2007.

［76］王银川，姚远．天然气在陶瓷墙地砖生产中的应用．陶瓷，2015（2）：28－33.

［77］王志．产业集群生态化发展研究．中国海洋大学论文，2008.

［78］温志达，旷远文．珠江三角洲陶瓷工业污染区植

被受害证据与启示．林业研究（英文版），2006，17（1）：9－14，88.

［79］文芳．贵州省煤炭产业生态化研究．贵州财经学院论文，2007.

［80］吴丹洁．福建海洋产业经济生态化发展研究．吉林广播电视大学学报，2014（12）：7－8.

［81］吴荻，武春友．产业集群生态化及其模式的构建研究．当代经济管理，2011（7）：64－67.

［82］吴飞美．基于循环经济视角的产业集群生态化探析．东南学术，2008（6）：151－156.

［83］吴隽，李其江，张茂林，吴军明．景德镇陶瓷原料负荷指标评价体系的构建．中国陶瓷，2015（1）：46－53.

［84］吴文勇，梁振国，李佩贤．陶瓷废气中重金属等污染物的来源研究和对策．环境工程，2014（s1）：554－557.

［85］伍国勇．农业生态化发展路径研究——基于超循环经济的视角．西南大学论文，2014.

［86］武春友，吴荻．产业集群生态化的发展模式研究——以山东新汶产业集群为例．管理学报，2009（8）：1066－1071.

［87］谢家平，孔令丞．基于循环经济的工业园区生态化研究．中国工业经济，2005（4）：15－22.

［88］邢焱．景德镇陶瓷产业发展战略研究．对外经济贸易大学论文，2007.

[89] 熊伟，黄弘，汪曼．我国建筑陶瓷产业分布格局机理分析．中国陶瓷工业，2008（6）：19－22.

[90] 徐建中，马瑞先．企业生态化发展的动力机制模型研究．企业管理，2007（17）：116－118.

[91] 徐熙武．中国建筑卫生陶瓷行业产量、质量五年回顾分析．中国陶瓷工业，2015（1）：22－26.

[92] 许剑雄，余慧．景德镇国家陶瓷科技城发展战略浅析．江苏商论，2015（3）：86－88.

[93] 颜东亮，刘树，梁以流．清洁生产与陶瓷企业的可持续生存和发展．佛山陶瓷，2008（1）：15－18.

[94] 杨娟娟．旅游产业生态化研究——以广西为例．广西师范大学论文，2012.

[95] 杨丽丽．汽车产业生态化研究．吉林大学论文，2007.

[96] 杨忠直．以生态化标准推进我国产业发展．北京工业大学学报（社会科学版），2004（1）：1－7.

[97] 叶敏坚．佛山陶瓷产业集群可持续发展研究．华中科技大学论文，2006.

[98] 尹坚．工业园产业生态化评价指标体系及其升级路径研究——以镇江新区为例．江苏大学论文，2013.

[99] 尹艳冰，赵宏．循环经济背景下区域生态化技术创新体系建设研究．科技进步与对策，2010（1）：45－48.

[100] 尹艳冰．面向循环经济的生态化技术创新体系构建及其测度研究．天津大学论文，2008.

［101］于相毅．吉林省食品产业发展的生态模式与对策研究．东北师范大学论文，2005.

［102］余芳．生态文明背景下昆明工业产业生态化发展路径探析．昆明理工大学论文，2013.

［103］虞震．我国产业生态化路径研究．上海社会科学院论文，2007.

［104］袁涛．基于生态学视角企业集群发展模式研究．上海社会科学院论文，2008.

［105］袁勇，饶宗旺，朱俊．科技创新对陶瓷行业发展的重要作用．中国陶瓷工业，2015（1）：51－55.

［106］袁增伟，毕军，张炳，刘文英．传统产业生态化模式研究及应用．中国人口·资源与环境，2004（2）：108－111.

［107］曾令可，李治，李萍，王慧，程小苏．提高陶瓷窑炉热效率的途径．中国陶瓷工业，2015（1）：37－41.

［108］詹嘉，何炳欢．景德镇陶瓷制作与生态景观的演变．南京艺术学院学报，2010（3）：108－114.

［109］张灿英，王峰，朱海涛．用工业尾矿等研制新型生态建材——环保陶瓷生态砖．山东陶瓷，2005（6）：25－28.

［110］张晶．产业生态系统的定量解析与评价及仿真．中国矿业大学论文，2012.

［111］张梅．建设陶瓷生态工业园区的SWOT分析以及对策建议——以景德镇为例．集体经济，2011（27）：35－36.

［112］张梅．景德镇陶瓷工业园生态化转型的障碍分析及对策建议．江苏陶瓷，2011（5）：5－7.

［113］张文龙，邓伟根．产业生态化：经济发展模式转型的必然选择．社会科学家，2010（7）：44－48.

［114］张锡秋．论“十二五”规划期的日用陶瓷．中国陶瓷，2014（12）：1－3.

［115］张晓芬，刘晓玲，董玉宽．产业集群生态化发展模式研究．首都经济贸易大学学报，2015（1）：33－39.

［116］张欲非．区域产业生态化系统构建研究．哈尔滨工业大学论文，2007.

［117］赵进．产业集群内生态系统的协同演化机理研究．北京交通大学论文，2011.

［118］赵林飞．产业生态化的若干问题研究．浙江大学论文，2003.

［119］赵云君．基于循环经济模式的产业集群生态化转型研究．经济纵横，2010（2）：58－61.

［120］郑四华，郭灵．景德镇陶瓷工业生态化发展中存在的问题及对策研究．山东陶瓷，2011（5）：33－36.

［121］郑四华，韩静．发展陶瓷生态工业的对策．生态经济，2006（2）：275－277.

［122］郑四华，林洋，姜静．发展生态型建筑陶瓷工业的对策．中国陶瓷，2007（10）：14－16.

［123］郑欲晓，蒋汐．绿色设计——现代设计的生态化整合．南京艺术学院学报，2012（5）：168－170.

[124] 支华．景德镇陶瓷产业集群优化研究——与德化陶瓷产业比较．南昌大学论文，2007.

[125] 周丽华．佛山陶瓷产业可持续发展研究．吉林大学论文，2007.

[126] 周燕芳，杨钟红．中国产业生态化政策分层次分析与建议．生态经济，2014 (8)：72 - 75.

[127] 周志刚．水泥工业物质代谢及生态化转型研究．天津大学论文，2011.

[128] 左志平，康贤刚．产业集群供应链生态合作影响因素实证分析．科技管理研究，2014 (22)：151 - 155.

后　记

陶瓷是中国传统文化最具代表性的文化符号之一，它见证了华夏文明的兴盛，传承着古老的中国文化，连载着中外千年情谊的交流。2000 年，我初到瓷都景德镇，站在宿舍的楼顶上，看到的都是冒着黑烟的烟囱，那时的空气里都是煤灰和煤燃烧不充分散发的种种怪味。随后，我就开始关注陶瓷产业发展带来的污染。我看到了各个产瓷区在争夺“瓷都”这一名号打得不可开交而不断加大产能带来的更严重的污染。我看到有的落后地区为了地方经济发展，不惜引进发达地区的淘汰产能；我看到瓷都景德镇在历经千余年的陶瓷产业发展之后，沦落为资源枯竭型城市……

在这样的背景下，我萌生了如何让陶瓷产业既有良好的发展，又能降低能耗和污染的研究冲动。随后，我便开始从皮尔斯的绿色经济开始研读，从各个产瓷区的产量与能耗开始调研，最终形成了这样一个粗浅的成果。在成果即将付梓之时，我深感激动和不安。激动的是这么多年的关注总算有了一个看得见的结果，而不安则是这样一个粗浅的成果公开之后会不会受到质疑和抨击。深思之后，我还是决定公开这样一个研究成果。虽然有很多的不足，但如果不拿出来让更多的专家、学者和行业精英审视，又如何获得更深刻和更全面的认识？权当抛砖引玉，为以后的研究积累更多的意见和观点吧。

在成书过程中，我个人及本书都得到了很多陶瓷企业和陶瓷产区政府的大力支持，也得到了中国陶瓷产业发展研究中心和江西陶瓷产业与经济发展软科学研究基地负责人左和平教授的指导和帮助，他不仅在研究思路和研究框架上帮助我反复推敲，最后确定研究大纲，还在我外出调研中给予了经费和人脉上的支持，让我顺利完成各个产瓷区的调研。本书是左和平教授主持的国家自然科学基金项目“陶瓷产业集群与区域经济发展实证研究——以江西景德镇为例”（项目编号：71263028）研究成果系列丛书之一。左和平教授作为系列丛书主编，拟定了丛书大纲和总体方案，系列丛书分别为《陶瓷产业集群与区域经济空间耦合研究》由章立东执笔，《中国陶瓷产业生态化研究》由汪华林执笔，《技术创新扩散、品牌建设、陶瓷产业集群协调发展研究》由焦明清执笔。本书的出版还得到了中国陶瓷产业发展研究中心和江西陶瓷产业经济与发展软科学研究基地的资助。在此，对所有给予了支持和帮助的组织和个人表示深深的感谢！

我们诚挚地邀请各位读者对本书提出批评和修改意见，也衷心希望本书能成为陶瓷产业生态化研究的一个起点。